AF361284

TOMÁS MORO

EPIGRAMAS

TOMÁS MORO

EPIGRAMAS

Introducción, edición, versión española y notas de
Concepción Cabrillana

EDICIONES RIALP, S.A.
MADRID

© 2012 de la versión española y notas *by* Concepción Cabrillana
© 2012 de la presente edición *by* EDICIONES RIALP, S.A.,
   Alcalá, 290. 28027 Madrid (www.rialp.com)

Preimpresión: produccioneditorial.com

ISBN: 978-84-321-4185-0
Depósito legal: M-15790-2012
Impreso en Publidisa, Sevilla
Impreso en España - *Printed in Spain*

No está permitida la reproducción total o parcial de este libro, ni su tratamiento informático, ni la transmisión de ninguna forma o por cualquier medio, ya sea electrónico, mecánico, por fotocopia, por registro u otros métodos, sin el permiso previo y por escrito de los titulares del Copyright. Diríjase a CEDRO (Centro Español de Derechos Reprográficos, www.cedro.org) si necesita reproducir, fotocopiar o escanear algún fragmento de esta obra.

SUMARIO

INTRODUCCIÓN

I. EL AUTOR

Tomás Moro nació el 6 ó 7 de febrero de 1478, un año después de la publicación del primer libro impreso en Inglaterra. Era hijo del próspero abogado John More, que llegó a ser Caballero y Juez del Tribunal del Rey; también su abuelo paterno fue distinguido con el mismo nombramiento y se convirtió en el Sheriff de Londres en 1503. Parte de la familia, por tanto, parecía ir en una dirección pareja.

Moro fue el segundo de los seis hijos (Joan, Thomas, Agatha, John, Edward y Elizabeth), fruto de los cuatro matrimonios de su padre. Su primera escuela fue la de mejor reputación entonces en Londres, la de St. Anthony en Threadneedle Street, donde la disciplina era severa, los libros escasos y el latín la principal asignatura. El futuro abogado, humanista y literato comenzaría aquí a ejercitar la memoria y el arte de la dialéctica. Uno de los maestros en St. Anthony, Nicholas Holt, que se había dado cuenta de la valía de Moro y que era amigo de John Morton, arzobispo de Canterbury, podría ser responsable, junto con el padre de Moro, de que cuando el alumno tenía unos doce años

(1490) se trasladara a vivir a la residencia oficial del arzobispo —Lambeth Palace—, una experiencia que sería deslumbrante para un muchacho despierto y brillante. Morton era por entonces Consejero del rey Enrique VII, y en 1493 fue creado cardenal[1]. Los pupilos del cardenal encontraban un ambiente ideal para la educación en la práctica política, el trato con la sociedad y sus reglas…; en definitiva, una inmejorable antesala para el ejercicio de la vida pública.

Tras dos años en este ambiente, el protegido del Cardenal fue enviado en 1492 al Canterbury College de Oxford, donde la escasez económica en la que vivía no fue óbice para que Moro fuera también feliz en un ambiente de disciplina casi monástica. Pero al poco tiempo, su padre, que quería que Tomás siguiera sus pasos profesionales, vio con alarma los derroteros que tomaba la educación de su hijo: John More no tenía ningún interés en el movimiento cultural del renacimiento griego, que tanto había atraído a Tomás, ni quería que el joven Moro siguiera caminos de contemplación, de modo que lo llevó de nuevo a Londres en 1494 para que estudiara Derecho en la Escuela Jurídica de New Inn. Allí, Tomás siguió dócilmente los deseos de su padre, pero las largas horas dedicadas al aprendizaje de las leyes no le impidieron continuar aprendiendo lo que había iniciado en Oxford ni relacionarse con compañeros de estudios y aficiones de la ciudad universitaria[2]: la semilla, por así decir, estaba ya puesta. Sus conocimientos y ejercicio de las lenguas griega y latina, que le permitían leer directamente las grandes obras de la filosofía y la literatura clásica, fueron pasos útiles para la adquisición de sus conocimientos legales.

---

[1] Moro lo describiría en la *Utopía*; cf. V. de Prada (1975[3]: 55).

[2] Fue probablemente entonces cuando escribió los *Progymnasmata* que abren la traducción.

12

Una segunda gran influencia en la vida de Moro vino de parte de los cartujos que conoció y con los que compartió casi tres años —entre 1499 y 1503— en su Charterhouse, viviendo prácticamente como uno de ellos, aunque sin hacer ningún voto. Sin embargo, Moro comprendió que no era ése el camino por el que debía ir y, pasado ese tiempo, en los primerísimos años del s. XVI, dejó la Cartuja, se estableció como abogado y se casó con una joven de Essex[3] —Jane Colt— en 1505.

Ya antes, en 1504, fue elegido para la Cámara de los Comunes, y una de las primeras actuaciones destacadas del joven abogado fue su oposición al excesivo impuesto que Enrique VII quería cobrar con ocasión de la boda de su hija y el nombramiento de Caballero de su hijo; su exposición consiguió que la propuesta no saliese adelante[4] y, como consecuencia, Moro comenzó a estudiar francés por si le sobrevenía el exilio, algo que no sucedió, aunque el abogado viajó a Francia para despachar diversos asuntos legales y aprovechó para visitar las universidades de Lovaina y París. Era el último año del reinado de Enrique VII, al que sucedió su hijo Enrique VIII, hecho que se saludó como un cambio de era esperanzador[5].

Moro se había convertido en padre de tres hijas (Margaret, Elizabeth y Cecily) y un hijo (John). Practicó ideas innovadoras con respecto a las costumbres de la época en

---

[3] En opinión de su amigo Erasmo de Rotterdam, fue la cuestión del celibato la que fundamentalmente decidió a Moro por el camino del matrimonio, ya que el inglés prefirió ser un marido casto a un sacerdote licencioso; quizá aporte un apoyo a esta postura lo que Moro describe en el epigrama 263 sobre un amor de juventud: como Erasmo juzgaba, Moro no era extraño a las emociones del amor.

[4] Al menos, por la cantidad que deseaba el rey; se aprobó sólo un tercio de la suma inicialmente propuesta; cf. epigrama n. 19.

[5] Cf. epigrama n. 19.

el enfoque de la educación de las mujeres; de hecho su hija mayor Margaret, por la que siempre sintió una especial predilección, estudió latín, griego, lógica, filosofía, teología, matemáticas y astronomía; en su casa se educaron no sólo sus hijos sino también otros niños allegados a la familia, y Moro escogió para ello los mejores tutores, humanistas amigos suyos. Cuando Margaret tenía sólo cinco años, en 1511, su madre murió repentinamente y Moro, pensando sobre todo en la necesidad de una madre para sus hijos, se casó con la viuda Alice Middleton, siete años mayor que él. Pero Moro nunca olvidaría a su primera mujer: muestra de ello es el epitafio que redactó y que recoge el epigrama 258.

Tomás había llegado también a ser un prestigioso y cada vez más célebre abogado y juez, profesión que le dejaba menos tiempo del que deseaba para la actividad literaria; quizá por eso, el género del epigrama —pensamientos por lo general breves— se acomodó bien a las circunstancias de su autor, que plasmaba con concisión ideas más y menos profundas. Se ha hablado[6] de tres ejes temáticos principales, aunque no únicos[7], que bien pueden estar en la base de la biografía de Moro: la muerte y sus consecuencias, la libertad política de los ciudadanos y los cambios en los azares de la vida. Comenzó también a escribir una historia del rey Ricardo III que no terminó, y lo hizo en inglés y en latín: un inglés que hacía de esa obra la mejor historia escrita sobre el personaje en su lengua, y un latín que algunos han considerado comparable con el de Tácito. El tema iba a conducir con el tiempo a su obra insignia, la *Utopía*.

Tales habilidades humanas y profesionales no pasaron inadvertidas al arzobispo Thomas Wolsey[8] (1471-1530),

---

[6] Cf. V. de Prada (1975[3]: 136).
[7] Cf. la Introducción a la obra y el Índice temático.
[8] Cf. epigrama n. 256.

14

que llegó a ser Lord Canciller de Enrique VIII en 1515. Una de las primeras misiones que le confió a Moro fue la defensa de los intereses ingleses ante unos litigios con comerciantes de Flandes en el verano de 1515; Brujas, Bruselas y Amberes fueron las ciudades más visitadas por Moro y fue muy probablemente entonces cuando tomaron forma más concreta sus ideas para la *Utopía*. Dividida en dos libros, el primero —que fue escrito en segundo lugar— fue completado en 1516, año de su publicación, y consiste en una velada explicación de los males que existían en la Inglaterra de Moro; el segundo, completado un año antes, es un brillante *jeu d'esprit*. En este segundo libro, Moro desarrolla la idea de una sociedad sin Revelación, la cual es, según el autor, esencial para conducirse en la vida; sólo guiados con la razón, los utopianos hacen lo que pueden. El tono aparentemente serio esconde un fondo humorístico y no se puede tener absoluta certeza de cuándo habla en serio y cuándo lo hace en broma.

Sin duda dos de los mejores amigos holandeses de Moro fueron Jerónimo Busleyden y Erasmo de Rotterdam, que son objeto de algunas se sus composiciones epigramáticas[9]; más concretamente, con Erasmo mantuvo una larga y profunda amistad y éste nos ha dejado un retrato de Moro que merece la pena conocerse, aunque sea parcialmente[10].

Con Wolsey como Lord Canciller, era inevitable que se involucrase a Moro en el servicio real: desde 1517, Tomás pasa a ser miembro del Consejo del Rey y Caballero, algo que sus amigos humanistas no vieron con agrado. Por esa época, Wolsey mandó quemar los libros de Lutero en la

---

[9] Cf. epigramas nn. 250-252; 255-256.
[10] Cf. Apéndice a esta Introducción.

Iglesia de St. Paul. Ante el peligro de que se extendiese la herejía protestante, el rey Enrique, que se consideraba un teólogo, decidió componer un libro en defensa de la Santa Sede, que tituló *Defensa de los siete Sacramentos*; pidió consejo y ayuda a algunos de los intelectuales más eminentes, incluidos el obispo John Fisher y Moro, que parece que actuó como editor, puesto que en su juicio declaró que sólo había ordenado y recolocado las principales cuestiones que allí se contenían. El libro se envió a Roma y el Papa León X recompensó al rey con el título de Defensor de la fe.

Moro escribe, por encargo del rey, algunas obras contra la herejía protestante; en realidad, se convirtió en el principal defensor laico de la Iglesia católica en Inglaterra.

Por influencia del Cardenal Wolsey, Moro, contra su voluntad, fue nombrado en 1523 Portavoz de la Cámara de los Comunes y sustentó diversos cargos; una vez que asumió sus funciones realizó una valiente petición para que en la Cámara se pudiese hablar con total libertad. Fue entonces, ya en 1524, cuando Moro cambió su residencia y se instaló en Chelsea, a donde el rey acudía en algunas ocasiones, atraído por el ambiente que reinaba en la casa familiar de Moro.

Colateralmente, iba tomando cuerpo un distanciamiento entre el rey Enrique y su esposa, la reina Catalina, al no haber logrado traer al mundo hijos varones. Enrique había tenido un hijo ilegítimo con una de sus amantes, a su vez dama de la reina, y por esta razón culpaba a Catalina de no haberle dado un varón que pudiese ser su heredero. Entra entonces en escena Ana Bolena, hija de un padre ambicioso y poco escrupuloso a la hora de valerse de sus hijas para lograr cargos y prebendas en la corte.

El rey manifiesta problemas de conciencia: piensa que Dios lo ha castigado sin hijos por haberse casado con la mujer de su hermano e invoca el Levítico para justificar que su matrimonio era incestuoso, y que debía ser declarado inválido. Por ello, el rey pide una dispensa al Papa para que le permitiera casarse con Ana, petición que no tuvo éxito y que marcó el comienzo del declive de Wolsey. Las gestiones para conseguir el divorcio continúan y se presiona al Papa Clemente VII, que se encuentra entre dos fuegos: el rey Enrique y el emperador Carlos, sobrino de la reina Catalina. El Papa se vio obligado a consentir la constitución de una comisión que examinara el caso en Inglaterra, presidida por los cardenales Wolsey y Campeggio, este último en representación del Papa. Se convoca a la reina Catalina, que niega haber consumado el matrimonio con Eduardo, el hermano de Enrique. El cardenal Campeggio abandona Inglaterra sin que se haya tomado ninguna determinación, y es entonces cuando Wolsey consulta a las universidades más importantes de Europa para forzar una respuesta a favor de los deseos del rey. Cambridge y Oxford se pronuncian afirmativamente; en Francia, Poitiers reacciona en contra, mientras que en Angers hay posturas enfrentadas. El rey de Francia interviene para que París vote a favor, y lo mismo ocurre en Orleans, Bourges y Toulouse. Alcalá y Salamanca se oponen, así como Nápoles. Roma no se inclina por la solución del divorcio y el cardenal Wolsey es depuesto; muere antes de llegar a la Torre de Londres.

Es el momento —1529— en que Moro es nombrado Canciller en sustitución de Wolsey; fue el primer plebeyo y laico que poseyó tal título. Su labor como Lord Canciller fue ingente y esforzada y el prestigio que adquirió en ella, enorme.

Los hechos en torno al asunto del matrimonio del rey se precipitan; Enrique aparta a la reina de la corte e instala a Ana Bolena en los aposentos de la reina.

El rey presiona a la Iglesia para que se le reconozca como cabeza de la Iglesia y el arzobispo de Cantebury, anciano y débil, afirma que no sería errado dirigirse al rey como «único y supremo señor, y hasta donde la ley de Cristo permite, incluso Cabeza suprema». Enrique entendió que esta postura no implicaba ir contra la autoridad del Papa, siempre que el Papa le tratase con la consideración debida; si no fuese así, él sabría qué hacer.

Moro guarda silencio. El Parlamento suprime el tributo anual a la Santa Sede por cada nuevo obispo nombrado. Casi todo el clero, presionado, firma un documento llamado la Sumisión del clero, quedando así éste sujeto al poder temporal. Al día siguiente, 16 de mayo de 1532, Moro renuncia a su cargo de Canciller y se le retiran todos sus ingresos.

Enrique obliga a que todos sus súbditos juren el Acta de supremacía, que hace a Enrique cabeza de la Iglesia en Inglaterra.

En su retiro, Moro se dedica a escribir, contento a pesar de la pobreza en la que vive, que le preocupa sobre todo por su familia. También empeora su ya débil salud, y Moro tiene cada vez más en su mente su más que probable muerte, de forma que incluso compone su epitafio y prepara su tumba en la iglesia de Chelsea; se siente preparado para ese momento[11].

En agosto de 1532 muere el anciano William Warham, arzobispo de Canterbury; su sucesor fue Thomas Cranmer, que contó con las recomendaciones de la familia Bolena. El paso siguiente lo dio el Parlamento, autorizando a Cranmer a declarar el divorcio entre Enrique y Catalina; Cranmer anunció que el matrimonio entre ellos no era tal, aunque Roma finalmente se pronunciaría el 23 de marzo de 1534, expresando que el matrimonio entre Enrique y Catalina había sido válido.

---

[11] Cf. epigrama n. 258, en realidad, añadido al epitafio como tal.

El 25 de enero de 1533, Enrique se casó en secreto con Ana Bolena y la Pascua siguiente la declaró abiertamente reina. Se pensó que Moro, como hombre sensible que era, dejaría su resistencia pasiva y acudiría a la ceremonia de coronación, preparada con un gran esplendor y celebrada el 1 de junio. Moro declinó la invitación apelando a su pobreza, pese a que se le quiso ayudar en este sentido. La noticia no fue bien recibida en la corte; Ana se sintió afrentada de manera especial y era inevitable que Tomás estuviera cada vez más cerca del desagrado del rey.

Comenzó una campaña para manchar el honor de Moro con diversas acusaciones falsas; el abogado, que poseía una de las mentes legales más claras de Inglaterra, no estaba dispuesto a renunciar a su prudente defensa, pero la suerte estaba prácticamente echada. La acusación de alta traición tenía lugar si, empezando por los Lores —y concretamente por el Lord Canciller de Inglaterra— y el clero, no se suscribía un juramento reconociendo a Enrique como Cabeza de la Iglesia en Inglaterra, lo cual implicaba desobediencia al obispo de Roma, quien no tendría más autoridad que cualquier otro obispo.

Moro recibió estas noticias y la de la constitución de una Comisión para tomar juramento a Lores y clérigos; llegó el momento de decir adiós a su familia, que no entendió su posición. Moro declaró que estaba dispuesto a prestar juramento al Acta de Sucesión[12] por tratarse de un asunto terreno, pero que no suscribiría la supremacía del rey sobre la Iglesia.

Tomás fue llevado entonces —el 17 de abril de 1534— como prisionero a la Torre de Londres; comienza para

---

[12] Documento proclamado en marzo de 1534, en virtud del cual se reconocía como bastarda a la hija de Enrique y Catalina y se nombraba sucesor a la descendencia de Ana Bolena.

él una etapa de una dureza creciente, pero también de creciente apoyo y profundización en su fe; obras como *Diálogo del Consuelo en la tribulación*, el *Tratado sobre la Pasión*, la *Agonía de Cristo* o su propia correspondencia así lo evidencian.

Tras diversos interrogatorios, el 1 de Julio de 1535 tiene lugar el proceso contra Moro en Westmister-Hall y, por medio de una declaración falsa prestada bajo juramento, Moro es condenado por alta traición. Finalmente, el 6 de julio de 1535, Moro es decapitado en la colina de la Torre[13].

---

[13] Una útil cronología de la vida y la obra de Moro se puede encontrar en Berglar (1993²: 405-410).

II. LA OBRA

La colección de epigramas de Tomás Moro (Londres, 1478-1535) es publicada por primera vez en Basilea (1518)[1], junto con la última edición de su *Utopía* y unos poemas de Erasmo de Rotterdam, y es corregida en la tercera edición de 1520. Constituye una parte especial de la producción literaria del gran humanista[2] y Canciller de Enrique VIII. Sin ser la más conocida, esta obra encierra un bagaje ideológico, cultural y de perspectiva vital enormemente interesante, y necesario para conocer al Moro completo[3].

---

[1] De hecho, se trata de la primera publicación unitaria de poemas por parte de un escritor inglés (cf. Jansen, 2009: 279).

[2] De acuerdo con Enekel (2009: 1), hay que notar que difícilmente se encuentra un humanista que no incluya entre sus obras alguna de género epigramático; cf. también Groenland (2009: 260-264).

[3] No es posible dejar de contemplar que, para Moro, el epigrama constituye un vehículo singular para expresión de pensamientos y sentimientos íntimos, quizá comparable sólo a las cartas.

1. Fecha de composición

La composición de los epigramas, o al menos su publicación, termina en torno a la fecha en que Moro entra al servicio del rey; fue nombrado miembro de su Consejo en 1517.

Así como hay certeza de las fechas de publicación de las distintas ediciones de los epigramas, resulta más difícil determinar las de su composición; los primeros epigramas datables son los nn. 159-161, escritos con ocasión de la muerte del organista del rey, Henry Abyngdon, en 1497, cuando el autor contaba sólo con 19 años; en un momento no distante se pueden fijar los que aparecen con la breve gramática latina escrita en inglés por John Holt (*Lac puerorum. Anglice Mylke for chyldren*), probablemente antes del año 1500 (nn. 273-274). Un poco más adelante, Moro escribe algunas composiciones (nn. 19-23) a propósito de la coronación de Enrique VIII y Catalina de Aragón en 1509.

Aunque, en realidad, sólo 48 de los 281 epigramas pueden datarse con suficiente fiabilidad y exactitud, la correspondencia de Erasmo indica que, según éste, Moro escribe sus obras poéticas aproximadamente entre 1500 y 1519[4]; Erasmo se refiere a algunos epigramas de Moro en más de una ocasión como obra de juventud.

2. Fuentes y modelos

La fuente más importante de la poesía latina de Moro[5] es sin duda la *Anthologia Palatina Planudea* (*AP* en las co-

---

[4] Fuera de estas fechas habría quizá que situar el n. 258: cf. Berglar (1993[2]: 7-8).

[5] Como lo fue en otros humanistas, también entre los ingleses, que compusieron poesía epigramática; cf. Bradner (1940 = 1966).

rrespondientes aclaraciones siguientes) —compilada por el monje Máximo Planudes (Constantinopla, 1299) y publicada por primera vez en 1494—, que contiene cerca de 2.400 epigramas (unos 15.000 versos) divididos en siete libros. Se trata de una fuente inferior a la colección de 15 libros de la *Anthologia Palatina* (aproximadamente 3.700 epigramas con más de 23.000 versos), publicada después (1672-1676), aunque incluye algunas composiciones que no figuran en esta última. La cronología de los autores de los epigramas de estas antologías abarca desde la época clásica griega hasta el periodo bizantino.

Aparte de esta fuente, los modelos temáticos y formales de los epigramas de Moro son muy diversos, con una presencia muy especial de la huella literaria griega y latina[6]: Esopo, Platón, Aristóteles, Luciano de Samosata, Plutarco, Diógenes Laercio, Lucilio, Plauto, Terencio, Catulo, Cicerón, Virgilio, Horacio, Ovidio, Séneca, Marcial, Ausonio, etc.

Particularmente en ciertos casos de traducción del griego, Moro busca mejorar los originales afinándolos, atenuándolos y sacándoles nuevo lustre. En ocasiones, no es fácil saber con certeza si las discrepancias de la traducción latina que realiza Moro con respecto al original griego se deben a que el autor utilizó una copia corrupta, a si desea facilitar la comprensión de la idea original o si bien han podido deslizarse algunos errores poco importantes. En otros casos, sin embargo, la voluntad de Moro es clara, como, por ejemplo, cuando busca actualizar las realidades que trata o cuando desea destacar matices de contenido

---

[6] Para una exposición de las relaciones de las cartas y epigramas de Moro con los textos clásicos, cf. Baumann (1984); el autor sostiene que cada uno de epigramas moreanos cuenta con una fuente, un motivo o una genérica influencia de la Antigüedad clásica.

moral. De cualquier forma, la indicación «del griego»[7], presente en los epigramas correspondientes, es sobre todo el reconocimiento de la existencia de una fuente, y no tanto la garantía de que sus versos constituyen una especie de sustituto del original, acaso para dar a conocer determinados epigramas a quienes por entonces no sabían griego. La grandeza de quien hace literatura a partir de modelos de calidad es tanto mayor cuanto, sin resultar servil, varía al imitar y consigue un resultado no inferior a la fuente de la que parte, teniendo en cuenta las diferentes coordenadas culturales, en las que se inserta[8].

Las numerosísimas reediciones de la poesía de Moro y la fortuna de esta obra[9] son una buena prueba de su importancia: resiste el paso del tiempo. Como anécdota ilustrativa, cuenta Erasmo que en una reunión de literatos, entre los que se encontraba Baltasar de Castiglione, celebrada en Valladolid en 1527, un participante italiano manifestó que no se había escrito ninguna poesía de calidad más allá del norte de los Alpes; Pietro Giovanni Olivaro lo refutó valiéndose de algunos epigramas de Moro.

Si bien —desde una posición purista— no se pueden ocultar algunos inevitables errores gramaticales menores, Moro conserva un puesto de honor entre los modernos

---

[7] Son, concretamente, 81 de los 281 epigramas de Moro reunidos aquí.

[8] Una discusión sobre el concepto y tratamiento de la *imitatio* en el Renacimiento puede verse en Pigman (1979; 1980). Entre otros muchos ejemplos, puede pensarse en el epigrama 248, donde la variación es sólo formal, ya que Moro convierte en exposición afirmativa lo que en el original griego tiene forma de pregunta; en el 53, evita el nombre propio griego y añade un expresivo contraste («abominables ojos – bendita luz»); en el 221, Moro va más allá, haciendo alguna variación de una hendíadis («las enfurecidas aguas del mar»), expresándose con mayor concisión y otorgándole al epigrama un tono más patético; por último, en el 153, del original queda más bien sólo la idea de fondo y el tenor es de mayor humorismo.

[9] Cf. p.e., Doyle (1984; 1994).

poetas latinos. A ello contribuye, a juicio de Oliver —uno de los coeditores de la edición aquí seguida—, lo que logra Moro cuando se lee su poesía y se comprueba su forma de comunicar: no se puede hacer sin que se despierte en el lector el deseo de conocer al autor. Es, sin duda, el mejor escritor de epigramas latinos del s. XVI.

3. Temática

La temática es variada como ya lo era en la tradición epigramática clásica, y está conformada por una tipología proveniente de la vida real y lo que la rodea[10]: la muerte[11], las formas de gobierno y la soberanía política[12], la guerra[13], la fugacidad de lo perecedero y el orgullo[14], el uso de la riqueza, la cultura y el arte[15], los cambios de la fortuna[16], la mujer[17], la belleza[18], el amor[19], etc., así como el comentario laudatorio, familiar o irónico de personas, episodios o situaciones puntuales[20].

---

[10] Cf. Índice temático.

[11] Cf., p.e., nn. 7, 40, 45, 46, 55, 56, 70, 75, 79, 259, 278.

[12] Cf., p.e., nn. 19, 23, 38, 80, 109, 111, 115, 120, 121, 198, 243, 244.

[13] Cf., p.e., nn. 129, 172, 183, 244.

[14] Cf. nn. 8, 59, 119, 272, etc.

[15] Cf. nn. 1-5, 41, 49, 69, 71, 73, 76, 99, 130, 132, 134, 135, 219, etc.

[16] Cf., p.e., nn. 6, 48, 72.

[17] Cf., entre otros, nn. 85, 86, 91, 143, 154-157, 174.

[18] Cf., p.e., n. 6 y los epigramas en la nota anterior.

[19] Cf., p.e., nn. 123, 143, 249, 263.

[20] De acuerdo con Salemme (1976), la descripción de la realidad cotidiana en sus múltiples facetas sería una nueva funcionalidad del epigrama del s. I d.C., si bien quizá dicha funcionalidad podría retrotraerse temporalmente algunos años más. Para algunas matizaciones sobre ciertas características temáticas del epigrama neolatino, cf. Ruiz (2008) y De Beer *et al.* (eds.) (2009). Algunos epigramas de esta línea temática son los nn. 87, 90, 92-95, 97, 98, 102, 104, 106, 116, 117, 133, 148, 159-161, 163, 167, 175, 203, 207, 252, 255, 256, 273.

Su elección de temas —muchos de ellos siempre actuales— explica en parte la popularidad de su poesía, que provocó ya al inicio, tres ediciones en sólo dos años.

Quizá entre los temas tratados, hay que hacer mención especial de la peculiaridad de aquellos que reflejan parte de su pensamiento político; no se conoce ningún otro poeta del siglo XVI que haya tratado este tema en composiciones breves. Moro se hace eco y desarrolla lugares comunes de la teoría política clásica y medieval[21], pero su tratamiento en forma epigramática es enteramente nuevo, así como la concepción, que anticipa a su época, de que la soberanía reside en el pueblo[22]; en un momento en que estaba aún vigente la idea del origen divino de la autoridad real, Moro adelanta lo que se pondrá en cuestión en el siglo XVII, de mano, entre otros, de John Locke y Thomas Hobbes en Inglaterra. Esta línea temática establece puentes claros entre parte de la poesía de Moro y su principal obra sobre teoría política, la *Utopía*. Así, por ejemplo, la comparación entre las reflexiones que se hace Moro sobre los tiranos a raíz del epigrama que compone con ocasión de la coronación de Enrique VIII (n. 19) y del libro primero de la *Utopía* —escrito siete años más tarde—, muestra que sus postulados no han cambiado de manera significativa. Además de ello, uno de los tres pilares de la *Utopía* según el gran humanista francés Guillaume Budé, el desprecio del oro y la plata, está también presente en los epigramas moreanos[23]. De alguna manera, en ambas obras late una concepción del hombre y de la sociedad cargada de lecciones prácticas, más fabulada y

---

[21] Cf. epigramas nn. 80, 110, 114, 120, 121, 142, 162, 198, 201, 227, 238, 243.

[22] Cf. epigramas nn. 121, 198.

[23] Cf. nn. 2, 41, 76, 79, 119, 135, 139.

política una, más ironizada la otra, que se subrayan mutuamente y se complementan[24].

4. Forma y estilo

Una parte de los recursos que utiliza Moro en sus composiciones poéticas coincide con la principal serie de medios estilísticos de los que se sirven epigramistas clásicos; así, entre otros recursos, puede observarse la presencia de metonimias[25], juegos de palabras[26], hipérboles[27], repetición de palabras o estructuras[28], antítesis y contrastes[29], paralelismos[30], comparaciones y *exempla* mitológicos aislados o en serie[31], proverbios y *sententiae*[32], estrategias de focalización comunicativa[33] como la introducción de vocativos e interjecciones, de estructuras temáticas, de segunda persona, etc.

El uso del presente histórico, en alternancia con formas de pasado, es otra característica notable de los epigramas de Moro; este rasgo contribuye a proporcionar actualidad, viveza y cercanía de los hechos a los que se aplica.

Además, Moro muestra predilección por los esquemas paratácticos y prescinde en ocasiones de las corres-

---

[24] Sobre la tesis de que Moro usa el epigrama como lenguaje político, cf. Grace (1985).

[25] Cf., p.e., nn. 8, 208.

[26] Cf., p.e, nn. 7, 16, 26, 53, 61, 95, 103, 106, 129, 131, 147, 164, 170, 193, 195, 197, 209, 217, 222, 237, 242, 253, 260, 270, 278, 280.

[27] Cf., p.e., nn. 102, 104, 122, 166, 228.

[28] Cf. p.e., nn. 21, 47, 95, 101, 137, 162, 192, 196, 224, 236, 263, 265.

[29] Cf., entre otros muchos, nn. 49, 63, 75, 194, 198, 226, 249,

[30] Cf. p.e., nn. 21, 31, 42.

[31] Cf., p.e., nn. 11, 14, 19, 25, 58, 62, 65, 124, 192, 276.

[32] Cf., p.e., nn. 107, 125, 145, 202, 205, 222, 260.

[33] *Passim.*

pondientes partículas o conjunciones ilativas, causales, de relación temporal, etc., ya sea por un deseo de quedarse al margen de la responsabilidad de establecer relaciones, *v.gr.*, causales, ya por el propósito de que sea el propio lector quien establezca esas conexiones; en cualquier caso, esta forma de proceder propicia una concisión punzante que se aviene muy bien con el género epigramático. En esta misma línea y especialmente en los epigramas breves, Moro sigue también en parte la forma de estructurar los epigramas que, entre otros, ejerce Marcial[34]: a un planteamiento del tema realizado eventualmente con palabras ambiguas, sigue su resolución en forma de golpe agudo y conciso al final, a menudo en uno o dos versos que rematan la composición y que cumplen un propósito de propiciar una suerte de 'sacudida' a las expectativas del lector, favorecidas en ocasiones por la ambigüedad, más o menos velada, mantenida hasta entonces[35].

5. Tipo de texto y traducción

El lector que espere que la forma poética debe corresponderse con un tono (exclusivamente) intimista, lírico, etc. puede quedar algo desconcertado con la obra que aquí se presenta, no tanto por la clase de traducción realizada cuanto por el tipo de texto en sí. La forma genérica del epigrama, de contornos temáticos muy amplios, es en esencia la de una composición poética ordinariamente breve que expresa generalmente un solo pensamiento principal —festivo, satírico, laudatorio, epitáfico, sentencioso, etc.— de forma ingeniosa

---

[34] Cf. Sullivan (1991: 217-230).

[35] Cf., entre otros, nn. 176, 178, 181, 185, 187, 190, 205, 207, 215, 225, 247, 254, 261, 268. A propósito de este aspecto, cf. Smith (1968).

y, en el caso de la poesía epigramática clásica y humanística especialmente, se compone aplicando un filtro importante de erudición y cultura. De acuerdo con ello, la forma poética es algo que tiene que ver más con características 'externas' del género que con cualidades de tonalidad en el sentido amplio del término.

La finura de Moro como epigramista es doble; de un lado tenía bien definido lo que a su juicio era un epigrama, es decir, una poesía breve, con métrica habitual en dísticos elegíacos, clara, aguda y satírica: aproximadamente un noventa por cien de su producción se ajusta a esta norma; de otro, eliminó de sus epigramas la ligereza licenciosa de Ovidio y la gris religiosidad de los humanistas nórdicos. En su lugar, se encuentra una genuina agudeza y una percepción sutil del ridículo que acompaña a muchas situaciones de la vida. A esto se añade una gran capacidad para experimentar y expresar finos sentimientos.

Se presenta por primera vez una versión castellana de esta obra poética; a este propósito, resulta necesario hacer algunas consideraciones que se ofrecen a continuación.

En la labor de traducción es habitual encontrarse con disyuntivas no siempre fáciles de resolver. La decisión primera ha de determinar la opción que se escoge como guía principal en esa labor, y que suele resumirse en preferir la fidelidad a la lengua de origen o más bien a la lengua de destino. Otra posibilidad, por lo general rechazada aquí, es la de realizar una versión un tanto libre del texto original, quizá en pro del entendimiento de la idea que el autor quiso transmitir. En ocasiones se justifica este tipo de traducción aduciendo que lo realmente importante es mostrar una versión plenamente integrada en la lengua de destino, aun respetando el contenido del texto. Es la impresión que se tiene cuando se lee, por ejemplo, la versión inglesa de la edición de Yale en no pocas ocasiones. Aun debiendo mucho a esa traducción-guía —así como a la correspondiente versión italiana de Firpo-Paglialunga (1994)—, la traducción que se muestra aquí ha intentado aunar las dos primeras posibilidades, si bien se ha preferido mantener en el mayor grado posible la fidelidad al texto cuando ello era factible sin forzar la lengua de destino más allá de lo que el autor quiso, por así decir, 'dilatar' las posibilidades de la propia lengua de origen y jugar con ellas.

En ese sentido, por ejemplo, las expresiones proverbiales, se han traducido de la forma que se dirían en el momento en que esas expresiones eran habituales. De igual modo, se ha procurado respetar el juego de pronombres, aunque se han sustituido por sus correspondientes referentes personales o sus denotaciones cuando la claridad de la traducción lo ha requerido; de la misma manera se ha procedido con algunos nombres mitológicos. La opción elegida trata, por tanto, de armonizar la fidelidad (formal y de contenido) al texto original con el hecho de que resulte una versión lo más fluida posible pero que no pierda el estilo del autor, en ocasiones tremendamente conciso. Dicha opción adquiere una mayor justificación si se tiene en cuenta el material que Moro toma de los correspondientes modelos griegos, lo cual entiendo que debe también transmitirse de la manera menos distorsionada posible.

Como consecuencia, se cuenta entre los propósitos de esta traducción el de presentar una versión que, sin violentar la lengua castellana, deje ver del mejor modo posible no sólo lo que Moro quiso decir sino también el modo en que quiso hacerlo.

Por último, acompaña al texto un aparato de notas que incluye aclaraciones y comentarios del entorno histórico, cultural, etc. mínimo pero imprescindible para una mejor comprensión global de las distintas composiciones, así como algunos matices necesarios de tipo léxico y explicaciones de instituciones, costumbres, vida cotidiana, etc.

El texto latino y la numeración utilizada en esta traducción corresponden a la edición más reciente (1984), preparada por C. H. Miller, L. Bradner, C. A. Lynch y R. P. Oliver para la colección de las obras completas de Tomás Moro de la Universidad de Yale.

6. Referencias bibliográficas[36]

BAUMANN, U. (1984), *Die Antike in den Epigrammen und Briefen Sir Thomas Mores*, Beiträge zur englischen und amerikanischen Literatur, vol. I, Padeborn, Munich, Vienna und Zurich, Ferdinand Schöningh.

BERGLAR, P. (1978), *Die Stunde des Thomas Morus. Einer gregen die Macht*, Walter-Verlag AG Olten (trad. E. Banús, *La hora de Tomás Moro. Solo frente al poder*, Madrid, Palabra, 1993²).

BRADNER, L. (1940 = 1966), *Musae Anglicanae: A History of Anglo-Latin Poetry 1500-1925*, New York, Modern Language Association / OUP.

CABRILLANA, C. (1995), «El contenido como elemento definidor independiente: algunas composiciones de Estacio y Marcial», *Cuadernos de Filología Clásica-Estudios Latinos* n. s. 8: 157-170.

CARPENTER, N. C. (1977), «St. Thomas More and Music: The Epigrams», *Renaissance Quarterly* 30: 24-28.

DOYLE, CH. C. (1975), «On the Neglected Sources of Some Epigrams by Thomas More», *Moreana* 46: 5-11.

DOYLE, CH. C. (1984), «Appendix D: Reprints, Translations, and Adaptations of More's Latin Poems in the Sixteenth and Seventeenth Centuries», en C. H. Miller, L. Bradner, C. A. Lynch, & R. P. Oliver, (eds.), *Latin Poems*. Vol. 3, Part II of

---

[36] Se recogen aquí sólo los trabajos citados en esta Introducción o incluidos en las notas a la traducción.

The Yale Edition of the Complete Works of St. Thomas More, New Haven, Yale University Press: 695-744.

DOYLE, CH. C. (1994), «More's Epigrams in the Sixteenth and Seventeenth Centuries: A Supplement to CW 3/II», *Moreana* 113: 85-93.

DOYLE, CH. C. (1999), «On Some Antecedents of More's Epigrams 199, 210, and 214», *Moreana* 139-140: 49-56.

ENEKEL, K. A. E. (2009), «Introduction: The Neo-Latin Epigram: Humanist Self-Definition in a Learned and Witty Discourse», en S. de Beer, K. A. E. Enekel & D. Rijser (eds.), *The Neo-Latin Epigram. A Learned and Witty Genre*, Leuven, Leuven University Press: 1-23.

FIRPO, L. & PAGLIALUNGA, L. (1994), *Thomas More. Tutti gli epigrammi*, Milano, San Paolo.

FONTÁN, A. (2008), *Príncipes y humanistas. Nebrija, Erasmo, Maquiavelo, Moro, Vives*, Madrid, Marcial Pons Historia.

GRACE, D. (1985), «Thomas More's *Epigrammata*: political theory, in a poetic idiom», *Parergon* n.s. 3: 115-129.

GROENLAND, J. A. (2009), «Epigrams Teaching Humanist Lessons: The Pointed Poems and Poetics of the Latin School Teacher Joannes Murmellius (c. 1480-1517)», en S. de Beer, K. A. E. Enekel & D. Rijser (eds.), *The Neo-Latin Epigram. A Learned and Witty Genre*, Leuven, Leuven University Press: 255-273.

JANSEN, J. (2009), «The Microcosmos of the Baroque Epigram: John Owen and Julien Waudré», en S. de Beer, K. A. E. Enekel & D. Rijser (eds.), *The Neo-Latin Epigram. A Learned and Witty Genre*, Leuven, Leuven University Press: 275-299.

MILLER, C. H., Bradner, L., Lynch, C. A. & Oliver, R. P. (eds.) (1984) *Latin Poems*. Vol. 3, Part II of *The Yale Edition of the Complete Works of St. Thomas More*, New Haven, Yale University Press.

NICHOLS, F. J. (1985), «More and Martial», *Moreana* 86: 61-70.

PERRY, K. (1985), «Blind Saturn: The Astrological Epigrams as Records of More's Cultural Conservatism» *Moreana* 86: 44-60.

PIGMAN, G. W. (1979), «Imitation and the Renaissance Sense of the Past: The Reception of Erasmus' *Ciceronianus*», *Journal of Medieval and Renaissance Studies* 9: 155-177.

PIGMAN, G. W. (1980), «Versions of Imitation in the Rennaisance», *Renaissance Quarterly* 33: 1-32.

SALEMME, C. (1976), *Marziale e la «poetica» degli oggeti*, Napoli, Società Editrice Napoletana.

SILVA, A. de (1998), *Un hombre para todas las horas. La correspondencia de Tomás Moro (1499-1534)*, Madrid, Rialp.

SMITH, B. H. (1968), *Poetic Closure: A Study of How Poems End*, Chicago, University of Chicago Press.

SULLIVAN, J. P. (1991), *Martial: the Unexpected Classic. A Literary and Historical Study*, Cambridge, Cambridge University Press.

RUIZ, M. (2008), «Cuentos tradicionales en el epigrama neolatino», *Myrtia* 23: 343-369.

VÁZQUEZ DE PRADA, A. (1975[3]), *Sir Tomás Moro, Lord Canciller de Inglaterra*, Madrid, Rialp.

III. APÉNDICE

Esta carta[1] de Erasmo de Rotterdam[2] constituye la primera «biografía» en miniatura del escritor inglés. Como señala de Silva (1988: 139), cuando Erasmo la escribió a su amigo Ulrich von Hutten[3], no podía sospechar que éste se convertiría en uno de sus enemigos más detestados, y que quien con tanta curiosidad se interesaba entonces por la figura de Moro, acabaría defendiendo unos ideales y métodos completamente opuestos.

---

[1] Tomada de la edición de A. de Silva (1998: 141-153); corresponde a su carta n. 60.

[2] Hay constancia de una visita larga de Erasmo a Moro en Inglaterra en 1505-1506, pero el conocimiento de ambos se remonta al menos a 1499 (cf. de Silva, 1998: 15), año en que está fechada la primera carta conservada de Erasmo a Moro. En 1509, el holandés escribiría su *Elogio de la locura*, que dedica a su amigo Tomás. Moro, junto con Erasmo, Vives y Budé, todos ellos amigos de Tomás, han sido llamados alguna vez «los cuatro evangelistas del humanismo» (cf. de Silva, 1998: 24).

[3] Caballero y humanista alemán (1488-1523). En 1517, el emperador Maximiliano I le concedió el laurel poético; se le ha considerado un puente entre el humanismo y la reforma de Lutero.

«Erasmo de Rotterdam saluda al ilustrísimo caballero Ulrich von Hutten.

El afecto —casi se diría, la pasión— que sientes por ese hombre genial que es Tomás Moro, encendido como estás evidentemente con la lectura de sus libros, de los que con razón dices no puede haber nada más erudito ni más entretenido, es algo, ilustrísimo Hutten, que compartes con muchos de nosotros; y algo también que obra de igual forma entre tú y Moro: pues él a su vez está tan encantado con la originalidad de tus libros que casi te tengo envidia. Esto es sin duda un ejemplo de aquella sabiduría que para Platón era la cosa más deseable de todas: la que hace surgir en los corazones un deseo más apasionado que la más admirable belleza corporal. No la disciernen los ojos del cuerpo, pero la mente tiene sus propios ojos, de forma que aquí también encontramos la verdad del antiguo proverbio griego que dice que el ojo es la puerta del corazón. Son los medios por los cuales el amor más fervoroso une a veces a hombres que nunca se han dicho uno a otro una palabra y ni siquiera se han visto. Ocurre que por alguna oscura razón unos son cautivados por una forma de belleza y otros por otra; de igual modo parece haber entre el espíritu de un hombre y el de otro un cierto parentesco tácito que nos procura gran deleite en algunas personas y no en otras.

Sea como fuere, me pides que te pinte un retrato de Moro de cuerpo entero: ¡ojalá fuera mi habilidad tan grande como tu deseo! También para mí será un placer pasar un rato contemplando al amigo a quien más quiero de todos. Hay sin embargo algunas dificultades. No todo el mundo puede apreciar todos los talentos de Moro, y dudo si él mismo aguantaría ser retratado por cualquier artista. (...) Intentaré, de todos modos, hacer de él no un retrato

sino un apunte de la figura entera, basada en un conocimiento íntimo y de hace mucho tiempo, según lo que
he observado y mi memoria recuerda. Si alguna misión
diplomática os reuniera a los dos, te darás cuenta entonces
de qué artista tan inútil escogiste para esta tarea, y temo
que pienses que o soy envidioso o miope: demasiado ciego
para observar o demasiado envidioso para dejar constancia
de más de unas pocas de sus buenas cualidades.

Y para empezar con un aspecto de Moro que ignoras
del todo: en estatura y presencia corporal no es ni alto ni
tampoco notoriamente bajo; la verdad es que la armonía
entera de sus proporciones hace que tenga buen parecido.
Tiene piel clara; su cara tiende más al color que a la palidez, pero no a un color intenso, excepto cuando se sonroja
de manera delicada por todas partes. Su pelo es un negro
marrón, o un marrón negro, si prefieres; la barba bastante
ligera; los ojos de un azul grisáceo, con una especie de
mota en ellos, de esos que suelen denotar una inteligencia
bien dotada, y que entre los ingleses resulta atractivo, mientras que nuestra gente prefiere ojos oscuros. Ningún otro
tipo de ojo es tan inmune a los defectos, al menos así dicen.
Su expresión muestra la clase de hombre que es, siempre
afable y alegre, con ese aire de quien sonríe con facilidad y
(la verdad sea dicha honestamente) dispuesto a pasarlo bien
antes que a ponerse serio y solemne, pero sin una pizca de
alocado o de bufón. Su hombro derecho parece un poco
más alto que el izquierdo, sobre todo al caminar, y no
como algo congénito sino por fuerza de la costumbre,
como tantos trucos humanos. No hay ninguna otra imperfección en el resto de su cuerpo. Sólo sus manos son un
tanto toscas, si se comparan con otros rasgos corporales.
Por lo que se refiere al cuidado de su apariencia personal, no le ha importado nada de nada desde niño, y pone
muy poco cuidado aun en esos refinamientos que Ovidio

enseña a los caballeros. La hermosa figura que tendría de adolescente, podemos verla ahora en lo que queda de ella (aunque yo le conocí cuando no tenía más de veintitrés años, y ahora apenas pasa los cuarenta). (...)

Parece haber nacido y haber sido hecho para la amistad; nadie tiene un corazón más abierto y sincero para hacer amigos o más tenacidad para conservarlos. Ni tiene miedo alguno de aquella plétora de amistades contra la que Hesíodo nos advierte. Para todos tiene abierto el camino a un lugar seguro en su afecto. En la elección de amigos no es difícil de complacer; en sostener la amistad es el más flexible de los hombres; y en mantenerla es el más indefectible. Si por cualquier circunstancia ha escogido alguno cuyas faltas no puede enmendar, espera a que se presente una oportunidad de soltarse, desatando el nudo de la amistad en lugar de romperlo. Cuando se encuentra con gente de su gusto, abierta y franca, goza tanto de su compañía y conversación que uno pensaría fuera para él el placer más grande en la vida. Juegos de pelota, juegos de azar, y los naipes, son cosas que detesta, y todos los otros pasatiempos con los que el pelotón de grandes del reino normalmente entretienen sus horas de tedio. Además, aunque es algo negligente en sus propios asuntos, nadie podría preocuparse más de sacar adelante los asuntos de sus amigos. ¿Para qué más palabras? Si alguien busca un ejemplo perfecto de verdadera amistad, en ninguna parte lo encontrará con más provecho que en Moro.

En sociedad es tan extraordinariamente cortés y apacible que no hay nadie tan triste por naturaleza al que Moro no pueda alegrar, ni atrocidad tan grande cuya desazón no le sea imposible disipar. Desde niño le ha gustado tanto bromear que parecía haber nacido para hacerlo, pero nunca con bromas bufas, y jamás le ha gustado el humor mordaz. Escribió en su adolescencia comedias cortas y actuó también en ellas. Siempre le ha encantado cualquier observación que tuviera mas chispa en ella de lo que es normal, aunque fuera dirigida contra él mismo; pues disfruta con dichos ingeniosos que revelan una mente viva. De aquí que de joven se ensayara con epigramas, y su especial admiración por Luciano; de hecho, fue él (sí, puede hacer bailar hasta a un camello) el que me persuadió para que escribiera yo mi *Elogio de la locura*.

Lo cierto es que no hay nada en la vida humana en donde no pueda encontrar entretenimiento, hasta en los momentos más serios. Si tiene que tratar con gente educada e inteligente, disfruta de sus talentos; si son ignorantes y estúpidos, le divierte lo absurdos que son. No pone objeción a bufones profesionales, pues sabe cómo adaptarse al humor de cada uno. Con las mujeres en general, y aun con su mujer, se limita al humor y a las bromas. Dirías que es Demócrito nacido otra vez, o mejor, aquel filósofo pitagórico que paseaba distraído por el mercado mirando a la muchedumbre que compraba y vendía. Nadie se deja dominar menos por la opinión pública, y sin embargo nadie esta tan cerca de los sentimientos del hombre de la calle. (...)

Desde edad temprana tuvo una educación liberal. De muchacho se entregó por su cuenta al estudio de la literatura y filosofía griega, con tan escaso apoyo por parte de su padre (un hombre sensato y de excelente carácter) que no pudo contar con ayuda de fuera y fue casi tratado como un desheredado porque se suponía que desertaba la profesión paterna; su padre es un especialista en derecho anglosajón. Esta profesión está alejadísima de la literatura; pero en Inglaterra quienes se han hecho autoridades en esa materia ocupan el primer rango en eminencia y distinción. Y no es fácil encontrar en ese país otra carrera que lleve con más probabilidad a la riqueza y a la fama; de hecho, la mayoría de la nobleza de la isla debe su rango a estudios de ese tipo. Dicen que en tema del derecho, nadie puede alcanzar la perfección sino con muchos años de duro trabajo. Así que no sorprende que siendo Moro muchacho su mismo temperamento le apartara del derecho, pues estaba hecho para cosas mejores; pero después de probar diferentes ramas de estudio en la universidad, se dedicó a él con tanta eficacia que no había nadie cuyo consejo se buscara tanto como el suyo entre pleiteantes; ni hubo mayor fortuna adquirida por quien se hubiera dedicado todo el tiempo al derecho. Tales eran el vigor y la rapidez de su ingenio.

Además de esto, se dedicó en serio a leer las obras de los Padres de la Iglesia. Todavía bastante joven y ante grandes audiencias, dio conferencias sobre «La Ciudad de Dios» de San Agustín; sacerdotes y ancianos no se avergonzaban de buscar instrucción en las cosas santas de la boca de un hombre joven y laico, ni tampoco se arrepentían de haberlo hecho. (...)

Escogió como esposa una doncella que era casi una niña todavía, de buena familia, y todavía bastante inexperta pues había vivido siempre en el campo con sus padres y hermanas; esto le dio mayor oportunidad de moldear su carácter para aparearlo al suyo. Se encargó de su educación en las humanidades y la hizo habilidosa en música de todo género. Está claro que casi había conseguido hacer de ella una persona con la que muy feliz hubiera compartido su vida entera si una temprana enfermedad no la hubiera removido de la escena después de haberle dado varios hijos. De éstos viven todavía tres hijas, Margaret, Alice[4] y Cecily, y un hijo, John. No soportó permanecer viudo mucho tiempo, a pesar de que el consejo de sus amigos era otro. Unos pocos meses después de la muerte de su mujer, se casó

---

[4] Las tres hijas son Margaret, Elizabeth y Cecily. Erasmo se confundió con la hermanastra.

con una viuda, más por tener a alguien que llevara su casa que por su propio placer, pues ni era hermosa ni estaba en su primera juventud (como solía él decir de broma) sino que era un ama de casa capaz y vigilante, aunque vivieran los dos de manera tan íntima y afectuosa como si hubiera sido una muchacha de la más gloriosa apariencia. Pocos son los maridos que se aseguran la obediencia de sus esposas siendo severos y mandándoles como lo hizo él con su amabilidad y buen humor. Podía pedirle cualquier cosa. ¿Acaso no consiguió que una mujer pasada ya la primera juventud, de no muy flexible disposición, y dedicada a los asuntos de su casa, aprendiera a tocar la cítara, el laúd, el monocordio y el caramillo, y producir además en este terreno una determinada pieza a diario para complacer a su exigente esposo?

Muestra la misma genialidad en el gobierno de su casa, en donde no hay problemas ni disputas. Si algo sale mal, lo arregla cuanto antes o hace que se pongan de acuerdo entre sí; nunca ha despedido a nadie como si fueran enemigos. La verdad es que su casa parece gozar de una cierta felicidad natural, pues nadie ha sido miembro de ella sin que luego mejore su fortuna, y nadie se ha añadido la más pequeña sombra a su reputación. Difícilmente encontrarías en cualquier parte una relación más estrecha entre un hombre y su madre como la que existe entre él y su madrastra; pues su padre se había casado por segunda vez, y amaba a las dos como si hubieran sido su propia madre. El padre se ha casado por tercera vez no hace mucho; y Moro jura solemne que nunca ha visto una persona mejor. Tal es además su afecto por sus parientes, sus hijos, y sus hermanas que su trato con ellos no es nunca duro, ni tampoco recorta sus deberes familiares.

No quiere saber nada de nada de cualquier sórdida ganancia. Para proveer por sus hijos ha destinado de sus haberes lo que considera suficiente para ellos; y gasta el resto con largueza. Cuando todavía dependía para sus ingresos de sus clientes, a todos daba consejo oportuno, pensando mucho más en ellos que en su propio beneficio; solía persuadir a muchos a que acabaran el litigio porque así ahorrarían gasto. Si no lo conseguía, les indicaba cómo llevar el pleito al mínimo costo, pues no faltan quienes disfrutan recurriendo a los tribunales. En la ciudad de Londres, en la que nació, sirvió durante algunos años como juez en casos civiles. Este oficio no es gravoso —pues la corte no se sienta sino los jueves hasta la hora de la comida— pero está entre los más prestigiosos. Nadie ha juzgado más casos y nadie se ha portado con más integridad. Devolvía a muchos el dinero que deben pagar los litigantes según está prescrito: antes de que la causa llegue al tribunal, el demandante debe depositar tres dracmas, y lo mismo el acusado, y no está permitido pedir más. El resultado de este modo de comportarse fue que su ciudad nativa le tuviera en profundo afecto y estima.

Había resuelto contentarse con este puesto pues le daba suficiente autoridad y al mismo tiempo no le exponía a serios riesgos. Más de una vez fue forzado a ir en misiones diplomáticas; y como las realizó con gran inteligencia, su serena Majestad el rey Enrique VIII no paró hasta que le arrastró a su Corte. ¿Por qué no usar esta palabra, «arrastró»? Nadie ha ambicionado tanto ir a la Corte como él se empeñó en escapar de ella. Pero como ese rey excelente había dispuesto llenar su casa con hombres cultos, sabios, inteligentes, y honrados, mandó llamar a muchos otros, y en especial a Moro, a quien mantiene tan cerca suyo que nunca le deja irse. Si se presenta algún asunto grave, no hay mejor consejero. Si el rey desea dar un descanso a su mente con temas más ligeros, no hay compañía más alegre. Ocurre con frecuencia que asuntos difíciles exigen un juez capaz y autoritativo; Moro puede resolver esos casos de manera que ambas partes quedan agradecidas. Con todo, nadie ha conseguido todavía persuadirle para que acepte un regalo. ¡Qué feliz sería una nación si el soberano nombrara para cada puesto un magistrado como Moro! Y en todo este tiempo no ha sido manchado por la soberbia.

Entre estas montañas de trabajo no se olvida de sus viejos y ordinarios amigos, y vuelve de cuando en cuando a su querida literatura. Cualquiera que sea su posición, cualquiera que sea su influencia con rey tan poderoso, todo lo dirige al bien de la sociedad y de sus amigos. Su propia disposición siempre ha estado preparada para hacer el bien a todos, y maravillosamente inclinada a la misericordia; y ahora tiene más campo para ejercitarla porque tiene más poder para hacer el bien. Ayuda a algunos con dinero, a otros con la protección de su autoridad, y a otros con una recomendación. A quienes no puede ayudar de ninguna otra manera, les ayuda con buenos consejos. Nunca despide a nadie triste. Podrías decir que Moro es el patrón público de todos los necesitados. Se cree afortunadísimo si tiene ocasión de aliviar al oprimido, de ayudar al que está perplejo y metido en algún embrollo, o de reconciliar a quienes pelean. Nadie disfruta tanto teniendo un gesto amable y nadie exige menos agradecimiento por hacerlo. A pesar de ser muy afortunado en tantos aspectos, y aunque la buena fortuna a menudo va acompañada de la jactancia, todavía no he tenido yo la suerte de ver a otro mortal que esté tan lejos de esa falta como lo está él.

Pero volvamos a sus estudios literarios que han sido el lazo principal entre Moro y yo. Al principio practicó sobre todo la poesía; siguió luego una larga lucha por adquirir un estilo de prosa más ágil, ejercitando su pluma en todo género de escritos. ¿Acaso hace falta hablar de su estilo actual, sobre todo en tu caso, que tienes siempre sus libros en tus manos? Le gustan de manera especial las declamaciones, y dentro de ese terreno, en cuestiones paradójicas, pues en ellas tiene más campo el ingenio. Cuando era adolescente trabajó en un diálogo en el que defendía la doctrina de Platón sobre el comunitarianismo, extendido aun a las esposas. Escribió una respuesta al *Tiranicida* de Luciano, y quiso tenerme a mí como su oponente para probar con más precisión los progresos que había hecho en este tipo de composición. Publicó la *Utopía* con la intención de mostrar el porqué de las deficiencias en la sociedad; pero retrató sobre todo la nación inglesa porque la había estudiado y era la que mejor conocía. Escribió primero el libro segundo, en su tiempo libre; más tarde, cuando tuvo una oportunidad, añadió el primer libro bajo la inspiración del momento. De ahí esa cierta desigualdad en el estilo.

Sería difícil encontrar un orador que improvise mejor que él: una lengua feliz sigue sumisa a una ingeniosa cabeza. Su inteligencia está siempre dispuesta, siempre pasando con agilidad al siguiente punto; su memoria siempre a mano, y como todo en ella se preserva contante y sonante, saca con prontitud y sin titubeo lo que el tiempo o lugar pidan. Nada más perspicaz se puede imaginar en discusiones, de modo que a menudo las ha tenido con los más eminentes teólogos en sus propias especialidades y casi ha resultado demasiado para ellos. John Colet, un crítico experimentado y sensible, solía decir algunas veces en conversación que había sólo un hombre capaz en toda Inglaterra, aunque la isla ha sido bendecida con tantos hombres de asombrosa habilidad.

No descuida la práctica de la piedad verdadera, pero está lejísimos de toda superstición. Tiene sus horas en las que dice a Dios sus oraciones, y no por mero hábito sino como salidas desde dentro. Habla con amigos sobre la vida del mundo que ha de venir y lo hace de tal manera que reconoces que está hablando con convicción y con buena esperanza. Y Moro es así hasta en la Corte. ¡Y hay quienes piensan que sólo se encuentran cristianos en los monasterios! (...)

Ahí tienes el retrato: el mejor de los modelos mal bosquejado por el peor de los artistas. Te gustará todavía menos si tienes la suerte de llegar a conocer a Moro. Pero lo he hecho para protegerme a mí mismo mientras tanto, para que no te quejes más de no hacer lo que me pedías y de que mis cartas son muy breves; aunque ésta no se me haya hecho más larga de lo normal al escribirla, y estoy seguro que tampoco tú la encontrarás larga al leerla: el encanto de mi querido Moro se encargará de esto. (...)

Antwerp, 23 de julio de 1519»

EJERCICIOS RETÓRICOS (PRELIMINARES) DE LOS AMIGOS RIVALES TOMÁS MORO Y WILLIAM LILY[1]

1. De Tomás Moro, contra un avaro

Cuando el avaro Asclepíades vio un ratón en su casa, dijo: «ratón, amigo mío, ¿qué haces en esta casa?». El ratón, sonriendo dulcemente, dijo: «No temas, amigo. Yo no busco aquí sustento sino hospedaje».

2. De Tomás Moro (contra un avaro)

Tienes las riquezas del adinerado, pero la mente de un pobre. ¡Ay, desgraciado!, rico para el heredero, y pobre para ti mismo.

---

[1] Se traducen aquí sólo las composiciones epigramáticas latinas —no griegas— en forma poética de Moro; los encabezamientos entre paréntesis hacen referencia casi siempre al título de las composiciones tanto de Moro como de Lily, que fue un gran estudioso de las lenguas clásicas y primer director de St. Paul School. Los *progymnasmata* eran ejercicios pedagógicos preparatorios que pretenden ejercitar a los alumnos de traducción poética en el arte de la *variatio;* eran propios de las escuelas de retórica.

3. De Tomás Moro (sobre las propiedades inseguras)

Hace poco pertenecía a Aqueménides, ahora[2] resulta que soy de Menipo; y pasaré de nuevo de uno a otro. Éste piensa que soy suyo, aquél pensaba que también. Pero yo no soy de nadie, sino que soy el campo de la Fortuna.

4. De Tomás Moro (sobre el lujo excesivo)

Construir muchas casas y alimentar a muchos es seguramente el camino directo a la pobreza.

5. De Tomás Moro (sobre el gasto moderado)

Usa las cosas que tienes como si fueras a morir ya; guárdalas como si fueras a vivir otra vez. Es sabio aquél que considerando debidamente estas dos cosas es moderado y generoso en su justa medida.

6. De Tomás Moro (sobre el desprecio de la fortuna)

Ya he llegado a puerto; adiós, Esperanza y Fortuna. Nada tengo que ver con vosotras, jugad ahora con otros.

7. De Tomás Moro (sobre la muerte)

Tan desnudo como llegué a la tierra, así de desnudo me iré. ¿Por qué me esfuerzo en vano, viendo la muerte desnuda?

---

[2] Las expresiones *nuper* y *nunc* utilizadas tanto por Moro como por Lily recogen probablemente la influencia de Horacio, *Sermones* 2,2,133-135: *nunc ager Umbreni sub nomine, nuper Ofelli/dictus, erit nulli proprius, sed cedet in usum / nunc mihi, nunc alii* («hoy es el campo de Umbreno, antes lo fue de Ofelo; ninguno lo poseerá, pues lo trabajaré yo ahora y otro después»).

8. De Tomás Moro (sobre el lujo y la lascivia)

Si alguien se quiere apresurar a descender a los infiernos, por aquí hacen el camino aprisa: los baños, el vino, los placeres del amor[3].

9. De Tomás Moro (sobre un amigo falso)

No daña de la misma manera aquel que confiesa odiar y el que aparenta fingida amistad. Del que me odia huyo en cuanto lo advierto: pero ¿cómo puedo huir del que aparenta que me quiere? Ciertamente ése es el peor enemigo, el que parece amigo y, engañoso, con mañas ocultas te hace daño.

10. De Tomás Moro (sobre un soldado espartano)

Viendo la cruel espartana[4] a su hijo que volvía a casa, con paso rápido, sin armas, poniéndose frente a él traspasa su cuerpo con una lanza y pronuncia estas palabras impropias de mujer sobre su hijo muerto: (5)[5] «Oh, indigna estirpe de Esparta, ve ya al Tártaro[6]; ve, tú que haces indigna a tu patria y a tu linaje».

---

[3] La expresión puede estar tomada de antiguas inscripciones; cf., p.e., *Corpus Inscriptionum Latinarum* VI,15258: *balnea, vina, Venus corrumpunt corpora nostra, / sed vitam faciunt balnea, vina, Venus* («los baños, el vino, Venus arruinan nuestros cuerpos, pero los baños, el vino y Venus nos dan la vida»). Como en otras ocasiones, se prefiere traducir aquí el referente de nombre latino (*Venus*).

[4] En original, *Lacaena*: mujer laconia o espartana.

[5] Los números entre paréntesis dan cuenta del verso correspondiente del original latino; se han reflejado cada 5 versos cuando es el caso.

[6] En la cultura clásica, lugar del mundo subterráneo de tormento y sufrimiento eternos, y más profundo incluso que el mismo Hades, entendido éste como lugar al que se iba después de la muerte.

11. De Tomás Moro (sobre un hombre cojo y estúpido)

Tienes una mente coja, como tus pies: tu condición exterior da señales ciertas de tu estado interior.

12. De Tomás Moro (el dilema de Teofrasto[7], de Aulo Gelio[8])

Si simplemente a través del conocimiento de las cosas que hay que sufrir pudieras evitarlas, seguramente sería muy bueno saber qué problemas te ibas a encontrar. Pero si no tienes poder alguno de evitar lo que sabes que va a venir, ¿de qué te sirve conocer de antemano lo que de todas maneras tienes que sufrir?

De Tomás Moro (un poema en trímetros yámbicos[9])

Si puedes saber de antemano lo que tienes que sufrir y pudieras no sufrirlo, bueno es que lo sepas de antemano. Pero si lo tienes que sufrir aunque lo sepas, ¿de qué te sirve conocerlo de antemano? De hecho, es necesario sufrirlo.

13. De Tomás Moro (sobre dos hermanos que nacieron y murieron el mismo día)

Cuatro hermanos contiene esta tumba: a dos de ellos un solo día al mismo tiempo hizo nacer y morir.

---

[7] Sucesor de Aristóteles en la escuela peripatética griega; el nombre parece debérsele al propio Aristóteles, para señalar la oportunidad y gracias de sus disertaciones.

[8] Escritor y abogado romano del siglo II d.C. Sus *Noches Áticas* contienen fragmentos de obras perdidas de algunos autores.

[9] Tipo de verso de la poesía grecolatina que consta de tres esquemas yámbicos (consistentes en pies con combinación, por este orden, de sílaba breve y sílaba larga).

14. De Tomás Moro (sobre Júpiter transformado)

Un toro, un cisne, un sátiro[10] y oro es Júpiter por el
amor de Europa[11], Leda[12], Antíope[13], Dánae[14].

15. De Tomás Moro (sobre Safo)

Dicen que hay nueve musas[15], pero claramente se equi-
vocan. Safo[16] de Lesbos es la décima hija de Píero[17].

---

[10] Los sátiros son criaturas masculinas que en la mitología griega acompañan a los dioses Pan y Dioniso y a los que se relaciona con el apetito sexual; se les representa de varias formas, siendo la más frecuente la de mitad hombre y mitad carnero o caballo.

[11] Nombre de diversas heroínas; aquí hace referencia a la mujer fenicia de Tiro, hija de Agenor y Telefasa, que, según la mitología, fue seducida por Zeus transformado en toro. Este toro se convirtió después en una constelación y fue incorporado a los signos del Zodíaco.

[12] Hija de Testio y Eurítemis y esposa de Tindáreo de Esparta, fue una de las amantes humanas de Zeus, conquistada por éste transfigurado en cisne.

[13] De extrema belleza, era hija del rey de Tebas Nicteo o del dios-río Asopo en otras versiones míticas; se unió a Zeus metamorfoseado en sátiro.

[14] Hija de Acrisio, rey de Argos, y Eurídice. Decepcionado Acrisio por carecer de herederos varones, pidió un oráculo para saber si esto cambiaría; el oráculo le dijo que fuese al fin de la Tierra donde sería asesinado por el hijo de su hija. Para que Dánae no tuviese hijos, Acrisio la encerró en una torre de bronce o en una cueva, según las distintas versiones. Pero Zeus la alcanzó transformado en lluvia de oro, naciendo de esta unión Perseo.

[15] Diosas inspiradoras de poetas, filósofos, intelectuales y artistas en general. Las nueve musas son, canónicamente, Calíope (poesía épica), Clío (historia), Euterpe (manejo de la flauta), Terpsícore (poesía lírica y danza [especialmente coral]), Erato (poesía lírica), Melpomene (tragedia), Talía (comedia), Polimnía (himnos y pantomima) y Urania (astronomía). No obstante, su número, sus funciones y sus nombres varían según las tradiciones.

[16] Importante poetisa griega nacida en Lesbos (ca. 650/610-580 a.C.) y llamada en la antigüedad «la décima musa». Su obra conservada es básicamente de contenido amoroso. Es quizá la poetisa de la antigüedad clásica más traducida e imitada.

[17] Píero de Pela, rey de Macedonia y padre de las nueve Piérides, quizá aquí confundidas con las musas, con quienes quisieron rivalizar. Las

16. De Tomás Moro (sobre una imagen de bronce de un sátiro[18])

Mientras se moldea con admirable habilidad este bronce, o bien el bronce envuelve a un sátiro o bien un sátiro se envuelve en el bronce.

De Tomás Moro (otra versión)

O un sátiro está moldeado en este bronce o un sátiro está moldeado con este bronce.

17. De Tomás Moro (para una estatua de Níobe[19])

Los dioses me convirtieron de criatura en piedra: pero cuando era piedra, Praxíteles me convirtió de nuevo en criatura.

Piérides son conocidas como jóvenes doncellas orgullosas por creerse especialmente dotadas de un excepcional talento para la música, el canto y la poesía; según el poeta Nicandro, sus nombres son: Colímbade, Linge, Céncride, Cisa, Claoris, Acalántide, Nesa, Pipo y Dracóntide. Sin embargo, según Pausanias, sus nombres son los mismos que los de la Musas (cf. primera nota al epigrama).

[18] Cf. nota correspondiente al epigrama 14.

[19] Moro se refiere aquí a una de las hijas de Tántalo y esposa de Anfión, rey de Tebas. Níobe tuvo con Anfión gran número de hijos, que varían según los autores, y de los que estaban orgullosos sobremanera. Níobe se vanagloriaba de su prole, burlándose de la diosa Leto porque ésta sólo había tenido dos hijos (Apolo y Ártemis). Estas burlas llegaron hasta tal punto que se opuso a que se le tributaran honores a Leto, diciendo que ella era más digna de que se le levantasen altares. En venganza, Apolo mató a todos sus hijos varones y Ártemis hizo lo propio con las mujeres, a excepción de Anfión o Amiclas (que había ofrecido una plegaria propiciatoria a Leto) y de Melibea, que al presenciar la muerte de sus hermanos adquirió tal palidez que fue llamada Cloris a partir de entonces. Cuando la desafortunada madre acudió junto a los cadáveres de sus hijos sintió tal dolor que, deshecha en un mar de lágrimas, quedó inmóvil y terminó convirtiéndose en piedra, como había suplicado a Zeus. Un torbellino la transportó hasta el monte Sípilo en Lidia, donde se podía ver cómo las lágrimas brotaban de una placa de mármol con forma de mujer, a modo de manantial. Plinio (*Naturalis Historia* 36,4,28) recuerda que existía una estatua de Níobe realizada probablemente por Praxíteles.

18. De Tomás Moro (para una estatua dedicada a Neoptólemo[20])

Toda la ciudad de Cécrope te honra, Neoptólemo, con esta estatua. Para hacerlo, lo consiguen[21] en parte tu amor, en parte tu lealtad.

Fin de los ejercicios preparatorios escritos por los amigos Tomás Moro y William Lily

***

19. Sobre el día[22] de la coronación de Enrique VIII, gloriosísimo y bendito rey de las Islas Británicas, y de Catalina, su felicísima reina. Un poema encomiástico, por Tomás Moro, de Londres[23]

Si hubo un día, si hubo un tiempo, Inglaterra, para dar gracias a lo alto, éste es ese día para ser marcado con una piedrecita blanca[24], día feliz para añadir a tus festivida-

---

[20] Hijo del guerrero Aquiles y de la princesa Deidamía, y conocido también con el nombre de Pirro («el Rubio»).

[21] Aunque Moro emplea el mismo verbo en las dos ocasiones en políptoton (*faciat - faciunt*), parece preferible recurrir al amplio espectro semántico del predicado en su traducción.

[22] Enrique VIII y Catalina fueron coronados en la abadía de Westminster el domingo 24 de junio de 1509.

[23] El poema, que encaja mejor en la forma de la oda que en la del epigrama, posee una estructura retórica cuidada: cf. Miller *et al.* (1984: 43-44).

[24] La idea de asociar pequeñas piedras blancas y negras con los días fastos y nefastos respectivamente deriva de la costumbre tracia de indicar los días del año metiendo cantos blancos o negros en una urna; cf. Plinio (*Naturalis Historia* 7,40,131), Plinio el Joven (*Epistulae* 6,11,3) o Persio (2,1).

des[25]. (5) Este día es el límite de tu esclavitud, el comienzo de tu libertad, el final de la tristeza, la fuente de alegría. Pues este día consagra a un joven[26] que es la gloria sempiterna de nuestro tiempo y lo designa como tu rey; un rey merecedor no sólo de gobernar a un único pueblo, sino de reinar, (10) él solo, en todo el mundo. Tal rey que enjugará las lágrimas de todos los ojos y que cambiará nuestra larga pena en alegría. Todo corazón sonríe al ver sus cuidados disipados, como suele brillar el día cuando se dispersan las nubes. (15) Ya el pueblo, libre, corre ante su rey con rostro sereno, ya apenas puede contener su propia alegría. Se congratula, exulta, salta de alegría y celebra tener tal rey, y no se oye otra cosa de su boca que «¡El rey!». (20) La nobleza, mucho tiempo a merced de las heces del populacho; la nobleza, palabra vacía durante largo tiempo[27], ahora levanta la cabeza, ahora se regocija con tal rey, y tiene una buena razón para regocijarse[28]. El mercader, hasta ahora obstaculizado por numerosos impuestos cruza ahora de nuevo las desacostumbradas aguas del mar. (25) Las leyes, hasta ahora sin valor, —sí, incluso las leyes, hechas para fines injustos— ahora felizmente han recuperado su autoridad propia. Todos son igualmente felices y todos compensan sus antiguas pérdidas con las ventajas venideras. (30) Ahora cada hombre tiene el valor y se alegra de mostrar las posesiones que su miedo mantuvo escondidas en oscura reclusión en el pasado. Ahora hay alegría en cualquier ganancia que

---

[25] El 24 de junio era ya una fiesta profana (solsticio de verano) y religiosa (natividad de san Juan Bautista); la coronación constituye un motivo más para celebrar el día.

[26] Enrique cumpliría 18 años el 28 de junio de ese año 1509.

[27] Enrique VII había llevado a cabo numerosas confiscaciones de bienes de la nobleza.

[28] Hay noticias de que Enrique VIII anuló al menos 45 fianzas en su primer año de reinado y otras 130 en los cinco años siguientes; una buena cantidad de ellas fueron reconocidas como injustas.

pueda escapar a las muchas garras astutas de los muchos ladrones. Ya no hay ofensa criminal (solía antes ser grave) en tener una propiedad adquirida sin ningún engaño. (35) El miedo ya no susurra secretos en nuestro oído; nadie tiene nada que callar, nada que susurrar. Ahora es una delicia ignorar a los delatores; nadie teme ser delatado, sino quien antes ha delatado. El pueblo se reúne: todas las edades, ambos sexos y todos los rangos. (40) No hay razón para que se oculte en sus casas y no esté presente mientras el rey, después del sagrado rito, asume entre felices auspicios, la corona de Gran Bretaña. Donde quiera que va, la multitud, apretada por su deseo de mirarle, apenas deja un estrecho camino para su paso. (45) Las casas se llenan a rebosar, los tejados se vencen al soportar el peso de los espectadores. Por todas partes se eleva un clamor de renovado afecto. Y la gente no se satisface con ver al rey sólo una vez; cambian de lugar una y otra vez por si desde alguna parte pueden volver a verlo. Les encanta verlo tres veces: y ¿por qué no complacerse en contemplar a la persona (50) más amable que ha plasmado la naturaleza? Entre mil nobles del séquito sobresale por encima de todos, y tiene una fortaleza digna de su augusta persona. También su mano es tan diestra como bravo es su corazón, tanto si hay un asunto que ha de ser resuelto por la desnuda espada (55) o si se lucha en una entusiasta carga blandiendo las lanzas o si dirige un dardo apuntado a una diana. Hay fuego en sus ojos, belleza en su cara y tal color en sus mejillas como es típico de rosas gemelas. De hecho, esa cara admirable por su vivacidad y su fuerza podría pertenecer tanto a una muchacha como a un muchacho. (60) Así era Aquiles cuando fingía ser una Ninfa; así era cuando arrastraba a Héctor con sus corceles tesalios[1]. ¡Ah, si la naturaleza permitiese que como su cuerpo,

---

[1] Según una leyenda posthomérica, Tetis, la madre de Aquiles, sabiendo que su hijo moriría en Troya, lo adornó como a una muchacha y lo escon-

la sobresaliente excelencia de su mente fuese visible a los ojos! Pero de hecho su virtud brilla en su cara; (65) su semblante lleva el mensaje desvelado de un buen corazón, revelando la madurez de la sabiduría que habita en su mente juiciosa, la profundidad de la calma de su pecho tranquilo, el modo en que lleva su suerte y la gobierna, sea buena o mala, el gran cuidado de su modesta castidad. (70) Qué serena clemencia da calor a su dulce corazón, qué apartada de su mente está la arrogancia. El noble semblante de nuestro príncipe muestra los signos indudables de esto, signos que no se pueden fingir. Pero su justicia, la destreza que tiene en el arte de gobernar, (75) su sentido de responsabilidad al tratar a su pueblo, esto se puede discernir fácilmente de nuestras caras, debe percibirse en la prosperidad que disfrutamos. Nuestra condición actual, que estemos conquistando nuestra libertad, el que el miedo, el daño, el peligro, la tristeza se hayan desvanecido, (80) mientras la paz, la tranquilidad, la alegría y la risa han vuelto al tiempo, ahí se revela la excelencia de nuestro distinguido príncipe. El poder ilimitado tiene la tendencia a debilitar las mentes buenas, y eso incluso en el caso de hombres muy dotados. Y aunque antes era piadoso, su corona ha traído a nuestro príncipe (85) un carácter que merece reinar. Pues le ha dado de golpe en su primer día bienes tales que pocos gobernantes han disfrutado en su vejez extrema. Al instante ha arrestado y puesto en prisión a cualquiera que con conspiraciones había dañado al reino. (90) Quien había sido delator es encadenado y confinado para que él mismo sufra las penas que impuso a muchos. Nuestro príncipe abrió el mar al comercio: si antes se habían reclamado unos impuestos excesivamente duros a los mercaderes, él aligeró su carga. Y la nobleza,

---

dió entre las hijas del rey Licomedes en Esciro; cf. Homero, *Ilíada* 22,395-404; Estacio, *Aquileida* 1,335-337; Ovidio, *Metamorphoses* 13,162-170.

durante mucho tiempo burlada, (95) recobró en el primer día los antiguos derechos. Él confiere ahora a los buenos los honores y oficios públicos que solían ser vendidos a los malos. Por un feliz cambio de circunstancias personas cultas tienen ahora las prerrogativas que antes se llevaban los incultos. (100) Sin retraso ha restaurado en las leyes su antigua fuerza y dignidad (pues su decadencia había subvertido el reino). Y mientras que anteriormente todo rango cambiaba de carácter completamente, ahora de pronto, todo rango se restaura. ¿Y qué si, para ser amable con su pueblo, (105) decidió retractar ciertas cláusulas de la ley que sabía que su padre había aprobado? Así colocó, como debía, su país por delante de su padre. Y no me sorprende: ¿qué podría haber más allá de los poderes de un príncipe cuyas dotes naturales se han mejorado con una educación liberal, (110) un príncipe bañado por las nueve hermanas de la fuente Castalia[2] y sumergido en los mismos preceptos de la filosofía? Todo el pueblo solía estar en deuda con el rey por muchas cosas, y esto en particular era el mal que temía. Pero nuestro rey, aunque podría haber inspirado miedo de este modo (115) y podría haber reunido de esta fuente inmensas riquezas si hubiese deseado hacerlo, ha perdonado las deudas de todos: ha dejado seguros a todos y ha quitado todo el mal del miedo atenazador. Por eso mientras los pueblos han temido a otros reyes, a éste, por quien ahora no hay nada que temer, lo aman. (120) ¡Oh, príncipe, terror para tus soberbios enemigos! ¡Oh, prínci-

---

[2] Castalia era, en algunas versiones de las mitologías griega y romana que se entrecruzan con otras, una ninfa, hija de Aqueloo y esposa del rey de Delfos. Apolo la amaba, pero ella huyó de él y se zambulló en la fuente que había en Delfos, al pie del monte Parnaso (en otras versiones, del monte Helicón), que desde entonces se llamó fuente de Castalia. La fuente podía inspirar el genio de la poesía a aquellos que bebían sus aguas o escuchaban su suave sonido. Su agua sagrada también se usaba para limpiar los templos délficos. Apolo consagró Castalia a las Musas.

pe, que no eres temido por tu pueblo! Aquéllos te temen; nosotros te reverenciamos, te amamos. Nuestro amor por ti será el motivo de su temor. Y así, licenciada la guardia, (125) el amor de unos y el miedo de otros te rodearán de paz y seguridad. Nadie teme guerras más allá de las fronteras —si los franceses se unen a los escoceses— porque Inglaterra está toda unida. Luchas internas no las habrá, pues ¿qué causas, qué razones hay para provocarlas? (130) Y lo más importante en cuanto a tu derecho y título a la corona: no hay oposición ni puede haberla. Tú, por ti mismo, representas los dos lados de la disputa que suele surgir; esta disputa la disuelve el hecho de que tus padres fuesen de alta cuna. Y, en definitiva, la ira del pueblo, cosa sacrílega, (135) fuente común de disturbio civil, está incluso más alejada de ti. Para todos tus súbditos eres tan querido que ningún hombre podría quererse más a sí mismo. Y si por casualidad la ira hiciese surgir poderosos generales, al punto se extinguirá con una señal tuya: (140) tal es la reverencia hacia tu sagrada majestad que han creado justamente tus virtudes. Y cualesquiera virtudes que tuvieron tus antepasados, tuyas son también, no superadas en épocas anteriores. Pues tú, príncipe, tienes la sagacidad de tu padre, (145) la fortaleza amable de tu madre, la inteligencia, la devota inteligencia de tu abuela paterna, el noble corazón de tu abuelo materno. ¿De qué asombrarse, entones, si Inglaterra se regocija de un modo desconocido hasta ahora puesto que tiene un rey como nunca ha tenido antes? (150) ¿Y qué decir de esta alegría, que parecía que no podría ser más grande, y que aumentó con tu matrimonio? Un matrimonio que los benignos poderes de lo alto organizaron y planearon bien para ti y los tuyos. En tu esposa tienes a una mujer (155) con la que tu pueblo se ha alegrado al ver que comparte tu poder, una mujer que importa tanto a los poderes de lo alto que la distinguen y honran al casarse contigo. Es ella quien puede desbancar a las antiguas sabinas[3] en amor devoto, y en dignidad a las sagradas semidiosas. (160) Podría igualar el puro amor de Alcestis[4] o sobrepasar a Tánaquil[5] en su juicio certero. En su expresión, en su semblante hay una belleza admirable, apropiada exclusivamente para alguien tan grande y bueno. La persuasiva Cornelia[6] se rendiría a ella en elocuencia; es como Penélope[7] en lealtad para su marido. (165) Esta dama, príncipe, se prometió a ti durante muchos años, permaneció sola por amor a ti durante largo tiempo de espera. Ni su propia hermana ni su patria la pudieron apartar de su intención; ni su padre ni su madre pudieron disuadirla. A ti solo prefirió a su madre, a ti a la hermana; (170) a ti te prefirió a su patria y a su querido padre. Esta

---

[3] Una de las leyendas romanas que más eco ha tenido en la historia del arte, narra el supuesto rapto de las sabinas. Según esta leyenda, los fundadores de Roma, provenientes de Troya, tras invitar a un banquete a los sabinos, secuestran a las más bellas mujeres sabinas para poblar la nueva ciudad. Para recuperar a las mujeres el legendario rey sabino de Cures, Tito Tacio, declaró la guerra a Roma, pero las mujeres prefirieron quedarse con sus esposos e hijos y los sabinos desistieron de pelear; sobre el emocionado discurso pacificador de las sabinas, cf. Livio 1,13,4.

[4] Alcestis, personaje de la tragedia del mismo nombre de Eurípides, se ofrece voluntariamente a la muerte en lugar de su marido Admeto.

[5] Tánaquil, mujer del rey romano Tarquinio Prisco (616-579 a.C.), obtiene el poder sobre Roma para su marido y más tarde para su yerno por medio de sus sagaces e intrigantes consejos y la fuerza de su carácter; cf. Livio 1,34,4 ss.

[6] La famosa e instruida matrona romana (189?-100? a.C.), segunda hija de Publio Cornelio Escipión el Africano, conocida como madre de los Gracos. Cf. Cicerón, *Brutus* 58,211.

[7] Esposa de Ulises; es celebre y proverbial la fidelidad de Penélope a su marido durante su larga ausencia de Ítaca, cuando muchos pretendientes querían ocupar el lugar de Ulises; ella prometió escoger marido cuando terminara de tejer la mortaja de Laertes, padre de Ulises. Penélope deshacía durante la noche el trabajo que realizaba de día. Cf. p.e., Homero, *Odisea, passim*; Ovidio, *Tristia* 5,14,35-36.

afortunada dama ha unido en alianza duradera a dos naciones, poderosa cada una de ellas. Ella, descendiente de grandes reyes, será, seguro, madre de reyes tan grandes como sus antepasados. (175) Hasta ahora, un ancla ha protegido el barco del estado; fuerte, pero una. Mas tu reina, fructífera en descendencia masculina, la hará por todos lados estable y duradera. Tienes innumerables ventajas en ella (180) y otro tanto ella en ti. Ciertamente no ha habido otra mujer digna de tenerte como esposo ni otro hombre digno de tenerla como esposa. ¡Inglaterra, trae incienso, y una ofrenda más potente que todo el incienso: corazones leales y manos inocentes! (185) Que el cielo, como ha unido este matrimonio, lo bendiga, y que el cetro que ha sido confiado sea sostenido con el favor celestial, y que estos dos lleven estas coronas por largo tiempo; y que finalmente, las lleven el hijo de su hijo y su descendencia para siempre.

20. Sobre una repentina tormenta que se formó durante la procesión del rey y la reina; ni ocultó el sol ni duró mucho. De Tomás Moro

Mientras el rey y la reina se dirigían a recibir sus sagradas coronas en el más bello cortejo que jamás hubo, el dorado Febo[8] brilló por todas partes y el día era alegre, como los corazones del pueblo. (5) Pero en cuanto el gran cortejo llegó al centro de la ciudad, al punto toda la procesión se mojó con las aguas de la lluvia. Sin embargo, ninguna nube oscureció las luces de Febo y la misma tormenta duró muy poco tiempo. El episodio fue bueno para paliar el calor; (10) ya

---

[8] Febo, el Brillante: apodo que utilizan los poetas clásicos latinos para referirse al dios-sol como epíteto de Apolo; se prefiere conservar aquí el nombre propio en lugar de su referente.

se fije uno en el propio episodio, ya en el augurio, no puede haber sido mejor. A nuestros gobernantes se les prometen tiempos de gran abundancia: Febo con sus rayos y la esposa de Júpiter con sus aguas.

21. Al rey. De Tomás Moro

Platón predijo que todas las cosas que un tiempo a menudo puede producir habían existido y a menudo existirían de nuevo alguna vez. «Como la primavera se va presurosa y presurosa vuelve cada año; como el invierno, con intervalo regular, vuelve igual que se fue antes, (5) así,» —dijo— «tras muchos giros del rápido cielo, todo retornará en incontables retornos. Primero vino la edad de oro[9], la de plata después de ésta; tras ella la de bronce y recientemente la de hierro. En tu reinado, príncipe, han vuelto los siglos dorados. (10) ¡Oh, que se pare aquí la profecía de Platón!

22. Al rey, con ocasión de un torneo organizado por él; un épodo yámbico. De Tomás Moro

Todos los torneos que los reyes han organizado hasta ahora, siempre los hizo famosos o algún triste infortunio o, (5) con un Júpiter poco propicio, algún desastre mezclado con fiestas; o el suelo ha sido regado con la lánguida sangre de un soldado herido, (10) o el pueblo ha sido alcanzado por las lanzas o pisoteado por las pezuñas de los enloquecidos corceles, o un palco se ha desplomado aplastando a la vez, al caer, a la desgraciada turba. Pero estos torneos tuyos, oh rey, los más hermosos que hemos visto, (15) ninguna desgracia los distingue, sino la serenidad, digna de tu carácter.

---

[9] Cf. Ovidio, *Metamorphoses* 1,89.

23. Sobre dos rosas que llegaron a ser una[10]. De Tomás Moro

Una rosa blanca creció junto a una roja, y mientras cada una compite con la otra para ser la primera, se van sofocando. Pero las dos forman una sola flor, y la contienda acaba del único modo posible. (5) Ahora una rosa crece, ahora una sola echa capullos, pero esa una tiene todas las riquezas de las dos. Ciertamente, esta única rosa tiene la belleza, la gracia, la hermosura, el color y la virtud de las dos. Pues quien haya amado una sola de las dos rosas, (10) que ame ésta en la que ahora está todo lo que amó. Pero quien sea tan bárbaro que no la ame, que esté en guardia: pues también esta flor tiene sus espinas.

24. Contra un rétor ignorante. Del griego[11]

Cinco solecismos[12] regalé al rétor Flaco; cincuenta me devolvió él al punto. «Conténtate por ahora» —dijo— «con estos pocos en número; los recibirás a montones cuando vuelva de Chipre».

25. Sobre la sospecha. Del griego[13]

La reputación tiene mucha fuerza y mucha influencia en los asuntos humanos. No quieres hacer daño; pero si parece que quieres, estás perdido. Así, hace tiempo, en

---

[10] Probable alusión a la unión de las dos rosas que había realizado Enrique VIII, ya que su padre —Enrique VII— era de la casa de Lancaster (cuyo símbolo era una rosa roja) y su madre —Isabel— de la casa de York (contaba con una rosa blanca como insignia); cf. también epigrama 19.

[11] Cf. *AP* XI, 146.

[12] El solecismo es un cambio repentino en la construcción de la frase, que produce una inconsistencia; en la retórica clásica se utiliza como figura para señalar un posible error de lógica discursiva.

[13] Cf. *AP* VII, 126.

Crotona mataron a Filolao[14], creyendo falsamente que quería actuar como tirano.

26. Sobre un rétor incapaz de hablar, hábilmente pintado. Del griego[15]

El propio Sexto calla; el retrato de Sexto habla. El propio retrato es el rétor; el rétor es retrato del retrato.

27. Sobre dos mendigos, uno ciego y otro cojo[16]

Un vecino ciego guía a un cojo; con habilidad presta sus ojos, y da prestados sus pies.

28. Otra versión[17]

Un ciego guía a un cojo; con prudencia uno y otro manejan la situación, y éste pone sus ojos, aquél sus pies.

29. Otra versión

Un ciego guía a un cojo y conduce sus pasos. Éste pone los ojos del otro, aquél los pies de éste.

---

[14] Filolao de Crotona (nacido en el 480 a.C.) fue un matemático y filósofo griego, discípulo de Pitágoras; desarrolló la cosmología pitagórica entendiendo un universo regular, predecible y aritmético, en el cual giraban planetas y astros. Es particularmente conocido por su interés en las propiedades inherentes a la suma de los cuatro primeros números.

[15] Cf. *AP* XI, 145.

[16] Cf. *AP* IX, 13a.

[17] Los epigramas 28 y 29 son variaciones del 27; los conceptos de «prestar» y «dar en préstamo» se expresan en griego mediante un solo verbo, mientras que el latín distingue *conducere* y *locare*.

30. Otra versión

Un ciego conduce a un cojo, carga pesada pero útil: éste mira adelante y con sus ojos gobierna los pies de aquél.

31. El mismo tema, más extenso[18]

Dos hombres infelices tenían una muy triste desgracia; ésta, injusta, a uno privó de sus ojos, a otro de sus pies. Su igual condición les une; el primero lleva al cojo. Así, sus acciones alivian sus desgracias en común. (5) El cojo va con pies ajenos a cualquier parte; el ciego camina por caminos seguros con los ojos del otro.

32. Otra versión del mismo tema

Nada puede ser más útil que un amigo fiel, que con su esfuerzo suaviza tus desgracias. Dos mendigos, un ciego con un cojo, formaron una alianza de firme amistad. (5) El ciego dice al cojo: «súbete a mis hombros», y éste contestó: «tú, amigo ciego, guía con mis ojos». El amor que une rehuye las retiradas estancias de los reyes orgullosos y reina en la casa humilde.

33. Otra versión

Un ciego hizo un pacto de ayuda mutua con un cojo, de modo que éste llevara a su compañero en sus hombros y aquél guiase a éste con sus ojos.

---

[18] Cf. *AP* IX, 11.

34. Habla un pino derribado por el viento destinado a la navegación. Del griego[19]

Soy un pino, un árbol fácilmente abatible por el viento. Tonto, ¿por qué me conviertes en un barco que vaga por los mares? ¿Acaso no tienes miedo del augurio? Cuando Bóreas[20] me persigue en la tierra, ¿cómo le evitaré en el mar?

35. Otra versión del mismo tema[21]

¿Por qué soy enviado al mar yo, un pino tirado a tierra por los vientos? Ya ahora sufro naufragio antes de ponerme a flote.

36. Sobre una nave quemada[22]

Ya un barco de carga había escapado de las olas del mar, pero pereció en el seno de su madre la tierra. Fue tomado por las llamas, y ardiendo, suplica ayuda a las hostiles aguas del mar, de las que había huido.

37. Habla un conejo que habiendo escapado de la comadreja, cayó en las redes colocadas por los cazadores

Huí de la comadreja deslizándome por un agujero lateral. Pero ¡ay, desgraciado de mí!, caigo en las redes de los hombres. Aquí no consigo salvar mi vida, no recibo una muerte rápida[23]. ¡Ay de mí, me preservan para ser echado a los fieros

---

[19] Cf. *AP* IX, 376.
[20] Bóreas era, en la mitología griega, el dios del frío viento del Norte que traía el invierno. Era hijo de Eos (La Aurora) y de Astreo.
[21] Cf. *AP* IX, 30.
[22] Cf. *AP* IX, 398.
[23] De forma distinta a lo que se deduce la edición de Yale —que separa *celerem* de *mortem*—, creo que el contexto aconseja entender ambos conceptos unidos.

perros! (5) Mientras ellos destrozan mis entrañas con malvada mordedura, un hombre mira y se ríe con mi sangre derramada. Oh dura raza humana, más brutal que cualquier fiera; a ti una matanza salvaje te causa cruel diversión.

38. La inocencia está expuesta al perjuicio. Del griego[24]

«Incluso un ratón se atreverá a morder a un hombre malo», dice el viejo proverbio; pero las cosas son de muy distinta manera. Es a los inofensivos a los que incluso un ratón se atreve a morder, mientras que la mismísima serpiente se asusta y no se atreve a tocar a un criminal.

39. Sobre el flato del vientre. Del griego[25]

Un pedo te mata si lo retienes demasiado en el vientre. Igual que un pedo te salva la vida si lo sueltas deprisa. Si un pedo puede salvarte y matarte, ¿acaso no tiene un pedo el mismo poder que los temidos reyes?

40. Sobre la igualdad ante la muerte. Del griego[26]

Aunque llegues victorioso hasta las columnas de Hércules, la parte de tierra que al final será tuya es la misma que la de cualquier hombre. Morirás como Iro[27], ni un óbolo[28] más rico. Y a ti, tu tierra (pero ya no tuya) te disolverá.

---

[24] Cf. *AP* IX, 379.

[25] Cf. *AP* XI, 395.

[26] Cf. *AP* IX, 209.

[27] Mendigo desvergonzado que aparece en la *Odisea* 18,1-107, con el que tuvo que luchar Ulises para divertir a los pretendientes; cf. nota correspondiente a Penélope en el epigrama 19.

[28] Moneda que se ponía bajo la lengua de los que morían para que pudieran pagar al barquero Caronte el servicio de atravesar la laguna Estigia, correspondiente a la sexta parte de un dracma; cf. nota correspondiente al epigrama 130.

41. Sobre un avaro. Del griego[29]

Todos te llaman rico, yo pobre de solemnidad. Pues el uso hace la riqueza, Apolófanes[30] es testigo. Si tú usas tus bienes, son tuyos; pero si los reservas para el heredero, haces lo tuyo de otro.

42. La caza de la araña[31]

Una araña al acecho cazó a una mosca distraída y enredó a la trémula en su tela pegajosa. Y ya abre la boca para dar un mordisco, pero, como dice el viejo proverbio, a menudo entre la boca y la presa pueden suceder muchas cosas[32]. (5) El hado tuvo compasión de la mosca y se puso en contra de la araña, y trasladó la ruina de la desgraciada a la malvada. He aquí, estornino, que apresurándote con un hambre acuciante atacas a las dos; la tela se vence; la mosca huye, la araña muere. Así, muchas veces, bajo el propio hacha hay esperanza para el desgraciado, (10) y para el malvado incluso entre mil soldados armados hay razón para temer.

---

[29] Cf. *AP* XI, 166.

[30] El contexto no permite decidir con seguridad si se trata del poeta cómico griego (s. V a.C.) o del médico del mismo nombre (s. III a.C.).

[31] El contenido procede de una fábula esópica.

[32] Cf. Aulo Gelio, *Noches Áticas* 13,18,1-3.

43. Contra un cínico[33] que practicaba estúpidamente el ayuno[34]. Del griego[35]

En una cena observamos la gran sabiduría de un cínico barbado, que vagaba con su bastón de hombre pobre. Ciertamente este cínico rechazó primero los rábanos y el altramuz para no convertirse en esclavo de su vientre. (5) Pero después de echar el ojo a una cebolla blanca como la nieve, se despojó de su temperamento rígido y sabio. La exige y la devora ávidamente, con inesperado deleite. «La cebolla» —dice— «no hace daño a la virtud».

44. Epitafio de un médico. Del griego[36]

En esta urna yace el tesalio Hipócrates[37], de ascendencia coana[38], nacido de la semilla del inmortal Febo. A menudo venció las enfermedades con las armas de la medicina. Tuvo gran gloria, y no por el azar sino por su pericia.

---

[33] La escuela cínica fue fundada en Grecia durante la segunda mitad del siglo IV a.C.; a quienes formaban parte de ella, que a menudo destacaban por sus excentricidades, se les conocía por su frugal modo de vivir. Se trata de una filosofía que pretende alcanzar la felicidad mediante la sabiduría, la liberación del espíritu y el logro de la virtud. La escasez está indisolublemente ligada a esta filosofía: los cínicos se desprenden de sus bienes para no sentir apego por ellos; son ajenos a los placeres para no ser sus esclavos.

[34] Sobre el tono de este epigrama, que recuerda el de muchos de Marcial, cf. Nichols (1985: 65).

[35] Cf. *AP* XI, 410.

[36] Cf. *AP* VII, 135.

[37] Hipócrates de Cos (ca. 460 a.C.- ca. 370 a.C.), un médico de la Antigua Grecia que ejerció durante el llamado siglo de Pericles. Es considerado una de las figuras más destacadas de la historia de la medicina y muchos autores se refieren a él como el padre de la medicina, en reconocimiento de sus importantes y duraderas contribuciones a esta ciencia y como fundador de la escuela que lleva su nombre.

[38] De Cos, una isla griega del archipiélago del Dodecaneso, en el mar Egeo.

45. Sobre un esclavo muerto. Del griego[39]

Mientras vivió, éste era un esclavo; ahora, muerto, no ejerce menos autoridad que tú, gran Darío[40].

46. Sobre una esclava muerta

Antes Sósima fue esclava sólo en el cuerpo; ahora también esa parte suya se ha liberado por la muerte.

47. Sobre un pescador dos veces amado. Del griego[41]

Mientras un pescador pesca peces, la hija de un hombre rico lo ve, y arde en amor por él. Después se casa con ese hombre; así, en lugar de una pobre vida le viene a él gran abundancia de magníficas riquezas. (5) Dijo Venus: «esto es obra mía». Replicó la diosa Fortuna con las mismas palabras: «esto es obra mía».

48. Sobre un desgraciado, feliz de repente. Del griego[42]

No es porque te favorezca la Fortuna por lo que ella te ha elevado tanto. Quiere que sea evidente, incluso en tu caso, que se le permite hacerlo.

49. Sobre el justo medio. Del griego[43]

La conmiseración es peor que la envidia, dice Píndaro[44]. La vida lujosa del hombre feliz causa envidia. Pero

---

[39] Cf. *AP* VII, 538.

[40] Darío I (el Grande), rey aqueménida de Persia (522(?)-486 a.C.).

[41] Cf. *AP* IX, 442.

[42] Cf. *AP* IX, 530.

[43] Cf. *AP* X, 51.

[44] Uno de los más célebres poetas líricos de la Grecia clásica (ca. 518-438(?) a.C); cf. *Píticas* 1,85.

nos compadecemos de los que son muy desgraciados. Que los dioses me concedan no ser ni muy feliz ni objeto de compasión. (5) Ciertamente el término medio es mucho mejor que los extremos. Lo más bajo se pisa, lo más alto cae de repente.

50. Nada aprovecha atormentarse por el temor del mal futuro. Del griego[45]

¿Por qué, necios, sufrimos y esta locura nuestra quema nuestros corazones como el indomable temor? Si los males no vienen, nos consume entonces un vano temor; pero si vienen, el mismo temor se convierte en un mal más.

51. Monóstico[46] del griego en honor de un poema homérico[47]

Fui yo quien compuso el poema, pero el divino Homero lo escribió.

52. Sobre un juicio gracioso. Del griego

Tiene lugar una disputa; el acusado era sordo y sordo era el demandante. También el juez era más sordo que los otros dos. El demandante pide la renta por una casa, cumplido ya el quinto mes. El acusado replica: «mi molino ha estado moliendo toda la noche». (5) El juez los mira y pregunta: «¿por qué disputáis? ¿No tenéis la misma madre? Mantenedla los dos».

---

[45] La fuente de este epigrama no es segura; tiene cierta semejanza con el n. 12. El dilema al que se hace referencia ha sido atribuido a Epicuro o a Diógenes el Cínico. Cf. también Lucrecio, *De rerum natura* 3,931-937 y 3,1049.

[46] Poema de un solo verso.

[47] Cf. *AP* IX, 455.

53. A una lámpara nocturna[48]

Lámpara, tres veces mi amante juró por ti que ella volvería, y no vuelve. Oh, si eres un dios, impón tu castigo. Cuando por la noche complaces a la que se divierte, apágate y priva a tan abominables ojos de tan bendita[49] luz.

54. La anciana Laide[50] ante el espejo. Del griego[51]

Yo, Laide, que hace poco tiempo me reí de ti, Grecia, maliciosamente, cuando tenía a mis puertas una turba de jóvenes amantes, dedico a Venus este espejo; pues no me quiero ver como soy, y como era, no puedo.

55. Al día de la muerte, desconocido para todos[52]

No lloro a los que arrebató la muerte. Lloro a los vivos, a quienes el destino futuro consume con gran miedo.

56. Otra versión

Llorarías si supieses que tienes un mes de vida. Te ríes aunque quizá no te quede un solo día.

---

[48] Cf. *AP* V, 7.

[49] Moro se sirve del doble sentido de *sacer* («maldito - sagrado»), particularmente conocido a causa de Virgilio, *Eneida* 3,57: *auri sacra fames* («maldita hambre de oro»). Cf. nota correspondiente en el epigrama 178.

[50] Famosa hetera de la Grecia clásica; las heteras de Corinto y Atenas eran especialmente conocidas por su belleza y refinamiento cultural.

[51] Cf. *AP* VI, 1.

[52] Cf. *AP* XI, 282.

57. Sobre la laboriosidad de las abejas. Del griego[53]

Las propias abejas se construyen los ríos de miel en el aire; ellas mismas edifican las celdas que habitan. La abeja es generosa para el hombre y su fruto muy asequible para la vida. No necesitará de la ayuda del buey o de la curva hoz. (5) Aquí sólo es necesario un cubo, donde derramar generosamente dulces copas de miel desde la pequeña vasija[54]. Divinas criaturas, alegraos y alimentaos de las variadas flores, alados artífices del néctar celestial.

58. Sobre una vieja que usa tintes en vano

A menudo te tiñes la cabeza, pero nunca teñirás la vejez o alisarás las arrugas de tus mejillas. Deja ya de cubrir toda tu cara con afeites, para que no acabes teniendo una máscara en vez de una cara. Puesto que nada conseguirás con colorete y afeites, ¿qué buscas, loca? Estas cosas nunca harán una Helena[55] de una Hécuba[56].

---

[53] Cf. *AP* IX, 404.

[54] Puede entenderse también *alveolo* como «vientre, útero».

[55] Hija de Zeus y de Leda y esposa de Menelao. Su leyenda, muy compleja, ha experimentado muchos cambios desde la epopeya homérica; la referencia que se hace aquí alude a su gran belleza, que hizo que fuera pretendida por muchos héroes, y raptada por Paris, príncipe de Troya, lo que originó la guerra de Troya. El rapto tuvo lugar porque Afrodita había prometido darle a Paris el amor de la mujer más bella, si éste le concedía el premio de la belleza.

[56] Segunda esposa de Príamo, rey de Troya; según una versión mitológica, los dioses la convirtieron en una perra al escuchar su aullido por la muerte de sus hijos.

59. Sobre el nacimiento del hombre. Del griego[57]

Escucha, hombre: si recuerdas lo que tu padre hizo al engendrarte se desvanecerá la arrogancia de tu espíritu. Pero Platón, en su sueño, te llena de soberbia vana y llama a tu semilla eterna y celeste[58]. (5) Oye, estás hecho de barro, ¿por qué aspiras a lo excelso? Pero ahí te conducirá quien te considera de muy noble naturaleza. Más si quieres la verdad, escucha: naciste de una unión en repulsiva lujuria y de una mísera gotita.

60. Sobre un astrólogo ridículo[59]

La sibila de Cumas[60], cuando es arrebatada por el furor sagrado, no ve el futuro con su mente inspirada más claramente que mi astrólogo —famoso en el arte de adivinar— prevé el pasado después de consultar las estrellas.

61. Otro sobre un astrólogo, marido de una mujer deshonesta[61]

Todos los astros se te desvelan, adivino celeste y te muestran cuál es el destino futuro de todos. Pero el que tu mujer se dé a todos, de esto los astros, aunque ven todo, nada te dicen.

---

[57] Cf. *AP* X, 45.

[58] Cf. Platón, *Timeo* 90a.

[59] El mismo tema se desarrolla en el epigrama 118, de fuente griega. Moro escribe contra los astrólogos otros epigramas: 60-65, 67, 101, 118, 169, 182.

[60] Según una tradición mitológica, era hija de Teodoro y una ninfa y natural de Eritrea. Nació con el don de la profecía y hacía sus predicciones en verso.

[61] Sobre la posible fuente esópica de este epigrama, cf. Doyle (1975: 8-9); un análisis parcial de los epigramas que comparten este tema puede verse en Perry (1985).

62. Sobre el mismo hombre, en versos yámbicos

¡Oh amado por nosotros que somos cuerpos celestes, observador de las estrellas! Ahora yo, el propio Febo, me alegraría mucho de contarte un pequeño secreto que te concierne absolutamente, del que me enteré, (5) mientras recorría el mundo, el día anterior a que llegases a casa hace poco desde la corte[62]. Pero Venus me asusta con la amenaza de un nuevo amor, que no tendrá más éxito para mí que el anterior mío con Dafne[63], (10) si, hablador, le cuento a alguien eso como le conté antes a su marido sobre ella[64]. Así que no te enterarás de eso; te haré saber todos los otros cambios de la fortuna; pero en lo que concierne a tu mujer, si algo no marcha conforme a tus deseos, (15) todo el mundo lo sabrá antes que tú.

63. Otra versión sobre el mismo

¿Por qué, necio, buscas entre las altas estrellas las costumbres de tu mujer, que está en la tierra? ¿Por qué miras a lo alto? Abajo está lo que tú temes. Mientras tú preguntas al cielo qué hace, ella entretanto hizo en la tierra lo que quería.

---

[62] Se refiere probablemente a un astrólogo italiano que adoptó el nombre de William Parron, y que trató de ganarse el favor de Enrique VII entre 1498 y 1503.

[63] Ninfa de los árboles que fue perseguida por Apolo (citado por Moro como Febo), a quien Eros había disparado una flecha dorada para que se enamorase de ella; a punto de ser alcanzada en su huida de Febo, suplicó a su padre (el dios-río Ladón) que la convirtiera en laurel, la planta favorita del dios perseguidor.

[64] Hefesto; Apolo-Febo desveló a Hefesto los amores entre Afrodita y Ares.

64. Otra versión sobre el mismo astrólogo

¿Por qué, loco, estás buscando entre las estrellas del cielo, siempre con sospecha, qué es lo que hace tu mujer? Si no sabes de qué clase es ella, cree que es honesta; si te persuades de lo que es bueno, te irá bien. (5) ¿Por qué quieres saber lo que no daña si no se conoce? ¿Por qué quieres hacerte desgraciado por tu propio esfuerzo? Esto sin duda es locura: buscar con afán lo que temes encontrar cuando puedes desistir ahora.

65. Otra versión sobre un astrólogo

Saturno está lejos y, según dicen, ciego[65] ya desde hace tiempo incapaz de distinguir de cerca una piedra de un niño. La hermosa luna alumbra con modestos ojos y, siendo virgen, sólo puede ver lo virginal. (5) Júpiter está entretenido de nuevo con Europa, Venus con Marte y Marte con Venus, Sol con Dafne[66,] Mercurio con Hirce[67.] Esto es lo que hay, astrólogo; cuando tu mujer tiene amantes las estrellas no te dicen nada de eso.

66. Sobre el dilema de la belleza. En trímetros yámbicos escazontes[68]

Por Hércules, no acierto a ver qué aporta la belleza. Si ardes, he aquí que la fea se hace hermosa; pero si estás frío,

---

⁶⁵ Se refiere a la ceguera no en sentido físico sino a la negligencia de la que Saturno (Cronos en Grecia) había dado prueba devorando una piedra en lugar del hijo de Zeus; cf. Hesídodo, *Teogonía* 485-491.

⁶⁶ Cf. nota correspondiente al epigrama 62.

⁶⁷ Probablemente una ninfa.

⁶⁸ Trímetro yámbico en el que el yambo final (habitualmente sílaba breve + larga) está sustituido por un espondeo (sílaba larga + larga).

la hermosa se hace ya deforme. Por Hércules, no acierto a ver qué aporta la belleza.

67. Sobre el mismo astrólogo de antes

A menudo Cándido[69], después de examinar los astros, predice a todos que su mujer es buena; ¡mira qué adivino! Cuando su adúltera mujer huyó, el adivino, examinando otra vez los astros, predice a todos que su mujer es mala.

68. Exhortación a la verdadera virtud

Ay, cualquier cosa que en el mundo atrae al desgraciado hombre, ajándose al punto, muere como una rosa de primavera. La Fortuna nunca ha abrazado a nadie sin haberle oprimido incómodamente en alguna parte. (5) Bebe en las virtudes y desprecia las vanas alegrías. Las verdaderas alegrías son las compañeras del espíritu noble.

69. Desprecio de esta vida

Como todo viento sacude las trémulas espigas, así nos empujan donde quieren la esperanza, el dolor, la ira, el miedo. En los asuntos de los mortales, nada tiene peso alguno. Da vergüenza si te mueves por una nadería.

70. No debe temerse la muerte, pues es el fin de los males. Del griego[70]

¿No es estúpido que se tema a la muerte, madre de la tranquilidad? ¿Cómo se rehúyen las enfermedades y la

---

[69] Nombre de un marido engañado que aparece en Marcial 3,26 y 12,38.

[70] Cf. *AP* X, 69.

triste pobreza? La muerte solitaria visita sólo una vez a los miserables mortales y nadie hay a quien la muerte vuelva por segunda vez. (5) Pero otras enfermedades, muchas y variadas, atacan alternativamente ahora a éste, ahora a aquél, una y otra vez.

71. Contra un obispo avaro y tacaño

Si mi vida durase tantos años como la de la Sibila[71] la bondad de este obispo nunca caería en el olvido. Él tiene en alquiler muchas yugadas[72] de tierra, posee grandes ciudades, viaja rodeado de cien siervos. (5) Aunque soy persona de pocos bienes, cuando hace poco me llegué hasta él, me recibió y me habló con auténtica cortesía. En efecto, para que pudiera probar una copita de su oscuro vino antes de irme, él mismo sacó la llave de su bolsa.

72. Sobre los caprichos de la Fortuna. Del griego[73]

La resbaladiza fortuna no observa un movimiento fijo sino que, ciega, hace girar su rueda inestable. Le gusta derribar lo más alto, levantar lo más bajo le gusta, y cambiar unas suertes en otras sin ley alguna. (5) Cuando la prosperidad es mayor, ya muy cerca está la desventura, y, de nuevo, cuando la desventura es mayor, muy cerca está la prosperidad. Soporta con buen ánimo las adversidades, no redobles tu desgracia por ese dolor, no sea que mueras rápidamente antes de que llegue la prosperidad.

---

[71] Cf. nota al epigrama 60.

[72] Medida agraria que equivale a 50 fanegas o a algo más de 32 hectáreas.

[73] La fuente de inspiración de este epigrama parece ser variada y derivar de una serie sobre el tema de la fortuna de la Antología Planudea. Cf. *AP* X, 62,66, 80 y 96.

73. La vida es breve[74]

¿No es para ti una locura asegurar una vejez vigorosa? Pues ni una hora de tu vida está garantizada. Vamos, imagina que vas a llegar a la edad de Néstor[75]: tus largos días estarán llenos de muchos achaques. (5) Aunque escapes de todo aquello con lo que una edad vigorosa es atormentada, una vejez encorvada te traerá cargas duraderas. Pero tú, admitamos que llegas a la ancianidad sin sufrir antes ningún mal (lo que no ocurre a nadie): incluso eso importa poco. ¿Dónde están ahora tantos años de Néstor? (10) De una vida tan larga no queda ni un solo día.

74. La paciencia

Soporta las tristezas que sufres. La fortuna disipará tu tristeza. Y si no lo hace la fortuna, lo hará la muerte.

75. La propia vida es un camino hacia la muerte

Nos divertimos y pensamos que la muerte está lejos, lejos. Pero en el fondo del corazón se esconde oculta. Es claro que a partir de esa primera hora en que nacemos, avanzan a la par la vida y la muerte. (5) Tu hora con la que a escondidas se siembra una parte de tu vida, esa misma te la arrancará furtivamente. Morimos poco a poco y en un solo momento dejamos de existir, como se apaga una lámpara cuando se acaba el aceite[76]. De modo que nada

---

[74] La fuente de inspiración del epigrama puede ser *AP* X, 100.

[75] Hijo de Neleo y Cloris, y rey de Pilos. Llegó a vivir más de tres generaciones (el número de años que habrían correspondido a sus tíos y tías) por gracia de Apolo, quien quería reparar así la matanza de éstos por parte del dios.

[76] Cf. Séneca, *Epistulae morales* 24,20.

mata, y sin embargo, a la vez, la muerte existe. (10) Y así ahora, mientras hablamos, estamos muriendo[77].

76. El rico avaro es pobre para sí mismo. Del griego[78]

Las únicas verdaderas riquezas, a mi juicio, son aquellas de la persona que se valora a sí misma por encima de sus posesiones. El hombre que acertadamente llamamos rico, el hombre que con propiedad llamamos opulento, es el que sabe cómo usar su gran riqueza. (5) Pero si alguien está siempre desgraciadamente apilando riquezas, desgraciadamente consumido por la necesidad de contar dinero, ese hombre trabaja como la abeja en su colmena de muchas celdas: otros comen la miel.

77. El dilema de Epicuro

Que ningún problema te conduzca a la infelicidad. Si es duradero, es ligero; si es pesado, no dura mucho.

78. La opinión contraria

¡Ay! Ambas clases de pena nos llevan a la infelicidad y rompen nuestros corazones: una pena larga nunca es ligera y una pena pesada nunca es breve.

79. Sobre la muerte

Sueña el que piensa que es rico; y cuando la muerte le despierta, al punto ve lo pobre que es.

---

[77] Cf. Horacio, *Carmina* 24,11,7-8.
[78] Cf. *AP* X, 41.

80. Para el tiranicida basta la muerte

Tú, que has sido cruelmente perseguido a manos de hombres injustos, no importa quién seas, ten esperanza: que la dulce esperanza alivie tus sufrimientos. Un cambio de fortuna mejorará tu estado, como el sol brilla a través de las nubes dispersas. (5) O la muerte piadosa adelantará su mano, dándote la libertad, aunque el tirano se aíre. La muerte lo arrebatará a él también (para complacerte más) y al punto lo dejará a tus pies. Él, que se había dejado llevar de su gran riqueza y su orgullo vacío; (10) él, que antes, entre la multitud de sus cortesanos era tan valiente, no será fiero, no llevará el orgullo en su cara, será objeto de piedad, derrocado de su importante lugar, abandonado, inerme, pobre. ¡Oh!, ¿qué te ha dado la vida que se pueda comparar a este don? Se han cambiado las tornas: el hombre que inspiraba temor es ahora motivo de risa.

81. Un poema traducido de una canción inglesa[79]

Rómpete, oh corazón triste, sumido penosamente en el más profundo pesar: que sea éste el final de tu castigo. Muestra a tu amada tus sangrantes heridas. Es ella sola la que ahora nos separará. (5) Ay, ¿cuánto tiempo lloraré y me quejaré así en mi tristeza? Ven, temida muerte, líbrame de penas tan monstruosas.

82. Un poema burlón a una amante infiel. Traducido de una canción inglesa

¡Por los dioses, qué sueños me vinieron la noche pasada! Toda la maquinaria del mundo al mismo tiempo se derrum-

---

[79] Sobre la fuente de este epigrama y el siguiente, cf. Carpenter (1977).

bó girando[80]. Ni su luz hacía ver a Febo ni a la Luna la suya, y el mar levantado había cubierto ya toda la tierra. (5) Aún más impresionante, mira, una voz pareció decirme: «Ay, tu amante ha roto ya la promesa que hizo».

83. Sobre un conejo cogido dos veces

Me sacan de la red y cuando estaba huyendo de sus manos caigo de nuevo a la red. ¡Ay, ay, desgraciado!; una vez huí para ser capturado dos.

84. Sobre una virgen de costumbres poco virginales

Una virgen lisonjera, seductora, lasciva, atrevida, ligera y charlatana, si es virgen, también lo es la que ha parido dos veces.

85. Sobre las esposas

Esto dice todo hombre: «nada ha engendrado en esta vida la naturaleza más penoso, más fastidioso para los maridos que sus esposas». Esto dice todo hombre; lo dice, pero sin embargo se casa. (5) Y así, después de seis enterradas, aún se casa con la séptima.

86. Sobre las mismas

Una esposa es una carga, pero podría ser útil si, muriéndose aprisa, te deja lo que tiene.

---

[80] Cf. Lucrecio 5,96.

87. Sobre un mal retrato. Del griego[81]

Este retrato tuyo que hace poco pintó Diodoro es el de cualquiera más que el tuyo, Menodoto.

88. Sobre el mismo retrato

En este retrato el pintor se ha expresado de tal manera que a nadie se parece tan poco como a ti.

89. Coriambo[82] sobre la vida placentera. Del griego[83]

No me importa Gyges,
que gobierna como rey de los Sardos[84].
No busco oro,
no me hago desgraciado imitando a los reyes.
(5) Me importa que mi barba
esté bien ungida con suaves perfumes.
Me importa ceñir
mi cabeza con flores fragantes.
Me importa el hoy,
(10) pues ¿quién puede conocer el mañana?
Mulciber[85], hazme ya ahora una copa de plata[86]
bien redondeada, profunda
y tan inacabable como puedas.

---

[81] Cf. *AP* XI, 213.

[82] Pie de la métrica grecolatina consistente en la secuencia de sílabas larga-breve-breve-larga.

[83] Cf. *AP* XI, 47-48.

[84] Habitantes de Sardes, la antigua ciudad de Asia Menor fundada por el rey lidio Gyges (680-644 a.C.) como capital del antiguo reino de Lidia. Se corresponde con la actual Sart, en la provincia turca de Manisa.

[85] En la mitología romana, es uno de los nombres que recibe Vulcano, dios del fuego y los metales, hijo de Júpiter y Juno, y marido de Venus.

[86] Alusión heroico-cómica al escudo de Aquiles forjado por Hefesto (en ocasiones identificado con Vulcano).

(15) Y decórala de modo que la rodeen
no carros ni estrellas ni el doliente Orión[87].
Hazme verdes viñas,
hazme racimos de uvas que me agraden,
(20) con un hermoso Dioniso[88].

90. Sobre un médico sinvergüenza que vendió una simple gota de medicina falsa a un gran precio

Un médico dijo a un paciente que sufría fiebre: «Oh, nada o sólo un bálsamo puede ayudarte. Pero no lo tiene nadie más que yo, y tengo muy poco. La gota se vende a no menos de diez libras. (5) Me darás cinco ahora y cinco cuando estés bien, de forma que no te pediré esas cinco si mueres. No sacarás beneficio alguno, en situación tan peligrosa como ésta, si quieres comprar la mitad de la carísima gota». Les parece bien el acuerdo y una gota de la diminuta ampolla envuelta en lino (10) fue echada en vino con la punta de una daga. El enfermo le ruega que aclare la punta en el vino, pero él le dice: «De ninguna manera, pues ella conserva todavía dos veces el valor de las diez libras. Una sola gota —dijo— es suficiente». Y lo era; tanto puede una una única gota: apenas la bebe, muere. (15) ¡Oh, qué pacto acordado con una estrella tan adversa! Uno perdió la mitad de la gota, el otro la mitad de la vida.

---

[87] En la mitología romana, gigante que, según algunas versiones, era hijo de Euríale y de Poseidón, o de Hirieo o también de la Tierra, como muchos gigantes. Según una tradición, Orión había violado a Mérope, hija de Enopión, quien por ello, lo dejó ciego. Otra tradición sostiene que la diosa Ártemis se había enamorado de Orión, lo cual despertó celos en Apolo, hermano gemelo de Artemisa. La versión más difundida de la muerte de Orión relata que al tratar Orión de violar a Ártemis, la diosa envió un escorpión que mordió el talón de Orión y en pago de este servicio, el animal fue convertido en constelación.

[88] Dios de la viña, el vino y el delirio místico, que adopta también el nombre de Baco.

91. Sobre una mujer teñida. Del griego[89]

Mujer, te tiñes el pelo; pero preguntas: «¿cómo lo sabes?». Tu pelo era negro cuando volviste del foro.

92. Sobre un retrato mal hecho[90]

En este retrato tuyo el pintor intentó mostrar qué distinto a ti mismo podía reproducirte.

93. Sobre un retrato bien hecho

Tu cara está tan bien reproducida en este cuadro que ya no es para ti un cuadro sino un espejo.

94. Sobre el mismo retrato

Me maravillo de la enorme habilidad con la que el pintor ha compuesto el retrato tuyo que me has enseñado, Póstumo. Cualquiera que lo mira, si te ha visto, a menos que sea víctima de la envidia del artista, (5) confesará que el parecido entre un huevo y otro no es tan grande como la discrepancia entre este retrato y tú.

95. Sobre un inglés que aparentaba hablar francés

Lalo[91] es amigo y compañero mío, nació en Gran Bretaña y creció en esta isla. Pero aunque un enorme océano, la lengua, las costumbres separan a los britanos de los habitantes de la Galia, (5) Lalo desprecia todo lo inglés. Admira y ansía todo lo galo[92]. Se pavonea paseándose vestido de galo y

---

[89] Cf. *AP* XI, 68.

[90] Cf. *AP* XI, 213.

[91] Nombre probablemente sugerido por el griego 'lálos' («hablador»).

[92] Se mantiene habitualmente esta traducción —y no «francés»— para que sea posible el juego de palabras del final del poema, mucho más expresivo en latín (*gallus* en ambos casos) que en castellano.

adora las capas cortas galas. (10) Se complace en el cinturón, el monedero y la espada gala, con el sombrero, el bonete, la gorra gala; con el calzado y la ropa interior galas; en una palabra, con una vestimenta gala de pies a cabeza. Pues incluso tiene un sirviente que es galo al que ni la misma Galia, aunque quisiera, (15) podría tratarle —pienso— de modo más galo: nada le paga al sirviente, como un galo, y le viste con viejos harapos, al modo galo. Le da poco de comer, y ese poco, malo, como los galos. Le hace trabajar mucho, como los galos; (20) le pega a menudo, como un galo. En reuniones sociales y en la calle, en el mercado y en público le riñe, siempre al modo galo. ¿Qué? ¿Al modo galo? Más bien al modo semigalo, pues, si no me equivoco, (25) conoce el francés tanto como un loro el latín. Sin embargo se hincha de orgullo y está encantado consigo mismo si dice tres palabras en francés. Si no sabe decir algo con palabras galas, lo intenta —aunque las palabras no sean galas— (30) al menos con acento galo: con paladar abierto, una especie de sonido agudo, afeminado, como charla de mujeres, pero siseando bellamente, puedes estar seguro, (35) como si su boca estuviese llena de alubias y pronunciando con énfasis las letras que los necios galos tratan de evitar, como el gallo evita al zorro o el marinero los acantilados. Y así, con ese acento galo él habla latín, con ese acento galo, inglés, italiano, (40) español, alemán y todas las lenguas excepto francés, pues habla el francés con acento inglés. Pero si algún nacido en la isla Británica (45) se burla de su tierra madre de modo tan descarado (propio de un mona) que se esfuerza por fingir y falsificar las locuras galas, creo que ese hombre está borracho de beber en el río Galo[93]. Por tanto, puesto que está intentando mudarse de inglés en galo, (50) ordenadle vosotros, dioses, que cambie de gallo a capón.

---

[93] Se decía que quienes bebían del río Galo, en Frigia, se volvían locos. De este río toman su nombre los Galos, sacerdotes castrados y poseídos de la diosa frigia Cibeles; cf. Ovidio, *Fasti* 4,361-365.

96. Contra Nicolao, un malvado médico

Ahora veo que no sólo los nombres de las cosas sino los mismos de las personas no se adquieren por casualidad sino por alguna razón. Nicolao[94] es el nombre de un médico; «¿cómo es esto apropiado?» —dices— «El nombre debió ser mejor de un general[95]». (5) Por las armas un general conquista pueblos, pero éste con venenos abate no sólo pueblos sino valientes generales por todas partes. A menudo se lucha contra un general por segunda vez, pero nadie se enfrenta a este médico dos veces: Nicolao es realmente su nombre.

97. Sobre el hermoso retrato de un hombre muy feo

Este retrato tuyo que he visto recientemente era, en mi opinión, superior a la propia Venus de Apeles[96]. El pintor había consumido todas sus artes en este retrato único. Quiso mostrar con este único cuadro lo que fue capaz de hacer. ¡Qué hermosura de cara!, ¡qué nariz!, ¡qué labios!, ¡qué ojos!, ¡qué color por todas partes! Tanto fue con mucho el más bello retrato en todos los sentidos como igual a ti en nada.

98. Sobre un retrato poco acertado

Cuando hace poco entré por casualidad en el estudio de un pintor, tu imagen apareció ante mis ojos. Mientras el pintor trató de reproducir así todos tus rasgos, tú —creo— has tenido el rostro inmóvil durante mucho tiempo. (5) El retra-

---

[94] Hay una discrepancia entre el nombre que aparece en el enunciado del epigrama (*Nicolaum*) y el del texto del propio epigrama (*Nicoleus*). Se opta por mantener la correspondiente versión del enunciado.

[95] Cf. etimología del nombre: 'níke' («victoria») y 'laós' («pueblo»).

[96] Uno de los más queridos y afamados pintores de la Edad Antigua. Nació en Colofón, en el año 352 a.C. y falleció en Cos, en el 308 a.C.

to te da a conocer así: sé de quién es en el momento en que
el pintor me dice que es el tuyo.

99. Sobre un avaro moribundo[97]

Ay, se está muriendo el rico Crísalo[98]; se lamenta, gime:
nadie llevó jamás su destino con mayor tristeza. Y no
porque él mismo se queda sin su vida —nada le importa
menos que sí mismo—, sino porque se queda sin cuatro
monedas que vale una tumba.

100. Sobre un gramático afectado[99]

Cuando me viene a la mente el gramático Heliodoro[100],
al punto mi lengua empieza a temer solecismos[101].

101. Sobre un adivino[102] bobo

Un célebre astrólogo había escrito: «este año el noble
rey de los franceses[103] estará en paz en su reino». Apenas comenzado el año, el rey muere. El adivino no tiene
ya nada con lo que defenderse. (5) Alguien, de broma,
comenzó a explicar el asunto y dijo: «la profecía es ver-

---

[97] Cf. *AP* XI, 170.

[98] Nombre probablemente parlante de un siervo ladrón en las *Bacchi-des* de Plauto

[99] Cf. *AP* XI, 138.

[100] Probable referencia o asociación al griego Heliodoro de Emesa, autor de novelas. Se le achacaba un inusual virtuosismo en la técnica narrativa, de forma que su uso artificioso del lenguaje era llamativo; recargaba sus construcciones con abundantes participios y todo tipo de recursos retóricos.

[101] Anacolutos: cambios en la construcción de las frases que pueden producir inconsistencias. En ocasiones se utiliza como figura retórica.

[102] La palabra traduce un vocablo tomado del griego con el sentido etimológico de «quien sabe de antemano».

[103] Puede tratarse de Carlos VIII, muerto en 1498, o de Luis XII, muerto en 1515.

dadera: ¿no está el rey ya en paz?». Lo dicho se extendió rápidamente y por todas partes el pueblo, riéndose, decía: «¿no está el rey ya en paz?». Cuando el adivino oyó esto al pueblo, dijo ya en serio: «la profecía es verdadera: ¿no está el rey ya en paz?».

102. A un hombre con nariz enorme. Del griego[104]

Nunca, Proclo, podrás limpiarte la nariz con la mano, porque tu mano, aun siendo grande, es más pequeña que tu nariz. ¿Cómo puedes exclamar «¡Júpiter!» mientras estornudas? Porque no oyes nada: tu nariz llega mucho más lejos que tu oreja.

103. A un poeta loco. Del griego[105]

Incluso entre las Musas hay Furias[106], por quienes llegas a ser el poeta que eres y compones muchos poemas sin sentido. ¡Vamos! Te suplico que escribas muchos, pues no encuentro mayor locura que pueda suplicar para ti.

104. Sobre un hombre diminuto. Del griego[107]

Para que no te arrebate una grulla —les encanta la sangre de los pigmeos—, si eres listo, quédate seguro dentro de la ciudad.

---

[104] Cf. *AP* XI, 268.

[105] Cf. *AP* XI, 127.

[106] Probable alusión a las Erinias griegas —diosas infernales vengadoras de los crímenes—, en su identificación romana. Cuando se adueñan de una víctima la enloquecen y torturan; de ahí el juego de palabras que este sentido permite hacer Moro (*furiae - furorem*). A partir de los poemas homéricos, tienen como misión principal la venganza de los crímenes, y especialmente de las faltas cometidas contra los miembros de la familia.

[107] Cf. *AP* XI, 369.

105. El chismorreo del vulgo se debe despreciar. Del griego[108]

Haz lo que te apetezca y desprecia las palabras del vulgo charlatán: uno hablará bien de ti, otro mal.

106. Sobre un necio. Del griego[109]

Cuando las pulgas pican a Morio[110], apaga la luz y dice: «estas pulgas no me van a ver más».

107. Sobre el sueño. Del griego. Un proverbio aristotélico[111]

Casi la mitad de la vida es sueño: durante ese tiempo el rico y el pobre yacen iguales. Así, Creso[112], el más rico de los reyes, casi la mitad de la vida el mendigo Iro[113] fue igual que tú.

108. Otra versión

Mientras duermes, mientras no percibes que estás vivo, no eres feliz; pero si el sueño no llega, eres desgraciado. Pues quien, feliz, está lleno de arrogancia por su buena suerte, y altivo por esa pasajera prosperidad se ensoberbece, (5) cuando viene la noche o deja ya de ser feliz o empieza entonces a ser desgraciado.

---

[108] Cf. *AP* IX, 50.

[109] Cf. *AP* XI, 432.

[110] El autor aprovecha para hacer un juego de palabras entre el nombre propio y el griego 'móros' («loco, necio»).

[111] Se hace referencia a Aristóteles, *Ética a Eudemo* 2,1,15 (1219b).

[112] Último rey de Lidia, miembro de la dinastía Mermnada (560-546 a.C.); se decía de él era el hombre más rico de su tiempo.

[113] Cf. nota correspondiente al epigrama 40.

109. La diferencia entre un tirano y un soberano

Un rey legítimo se diferencia de los cruelísimos tiranos en esto: el tirano gobierna a sus súbditos como esclavos, el rey los considera sus hijos.

110. La vida del tirano es inquieta

Gran preocupación agota el día del gran tirano; por la noche llega el descanso, si es que llega. Pero los tiranos no descansan más cómodamente en una blanca cama de lo que lo hace el pobre en el duro suelo. (5) Así que, tirano, la parte más feliz de tu vida es ésa en la que, con todo, quieres ser igual que un mendigo.

111. El buen príncipe es un padre, no un amo. Versos yámbicos

A un buen rey nunca le faltarán hijos. Es padre de todo un reino. Y así, rey muy feliz es quien rebosa de tantos hijos como súbditos tiene.

112. Sobre el buen rey y su pueblo

Todo un reino es como un hombre y se mantiene unido por el afecto natural. El rey es la cabeza, el pueblo forma las demás partes. El rey considera a cada uno de los ciudadanos que tiene parte de su propio cuerpo (por eso le duele perder alguno). (5) El pueblo se arriesga para salvar al rey y todo el mundo piensa en él como en la cabeza de su propio cuerpo.

113. Los bienes no se reconocen sino cuando se pierden[114]

Casi todos reconocemos nuestros bienes al perderlos.

---

[114] La forma métrica empleada aquí por Moro —hexámetros dactílicos alternantes con dímetros yámbicos— es utilizada por Horacio en sus *Épodos* 14 y 15.

Mientras los poseemos, les hacemos poco caso.
Así también el mal sucesor con frecuencia, pero demasiado tarde, trae a la memoria al buen gobernante.

114. El tirano mientras duerme no es distinto del plebeyo[115]

Loco, el orgullo te levanta tu cresta, porque la turba se inclina ante ti doblando su rodilla, porque el pueblo se levanta ante ti con su cabeza descubierta, porque la vida y la muerte de muchos está en tu mano. (5) Pero cuando el sueño rodea tus miembros inmóviles, dime, ¿dónde está ya esta gloria tuya? Entonces tú, inútil, yaces como un leño sin vida[116], o como un cadáver reciente. Pues si no te ocultases encerrado como un cobarde dentro de tu casa, (10) tu vida estaría ya en manos de cualquiera.

115. Sobre el príncipe bueno y el malo

¿Qué es un buen soberano? Es un perro guardián del rebaño, que con su ladrido hace huir a los lobos ¿Qué uno malo? El propio lobo.

116. Sobre un violador y su defensor

Una muchacha virgen se queja de haber sido violada, y no se pudo negar la acusación. El violador iba ya a morir. Pero de repente, su astuto defensor en persona, después de bajarle las vestiduras a su defendido, saca su miembro viril y pregunta: (5) «Muchacha, ¿es éste el miembro que estuvo en tu vientre?». Ella, movida por una pudorosa vergüenza,

---

[115] Variación del epigrama 107.

[116] *Iaces trunco non impar inani:* cf. Juvenal 8,53: *truncoque simillimus Hermae* («eres muy parejo a un Hermes mutilado»); se hace referencia a la mutilación de las estatuas de Hermes en el episodio de la Guerra del Peloponeso narrado por Tucídides 6,27, que trajo la desgracia de Alcibíades.

lo niega. «Hemos vencido, juez», exclama el defensor. Ella misma es la prueba: niega el cuerpo del delito sin el cual no puede haber sido violada.

117. Sobre un ladrón y su defensor

Mientras Cléptico[117] temía ser acusado de robo, consultó a un abogado pagando unos altos honorarios. Cuando el abogado hubo consultado mucho y durante mucho tiempo sus inmensos legajos, dijo: «espero, Cléptico, que te escapes si huyes».

118. Sobre un astrólogo que predijo lo que ya había pasado. Del griego[118]

A menudo todos los astrólogos vaticinan al padre, unánimemente, que su hermano le sobreviviría. Ahora bien, sólo Hermoclides dijo que el hermano moriría primero, pero lo dijo después de ver que había muerto.

119. Sobre la vanidad de esta vida

Todos estamos encerrados en la cárcel del mundo, condenados y sujetos a morir; en esta cárcel nadie escapa a la muerte. Este espacio dentro de la prisión está dividido en muchas partes y unos y otros se instalan en distintas secciones. (5) Como si se tratara de un reino, compiten por la cárcel. El avaricioso acumula riquezas en la oscura cárcel, por la cárcel deambula uno suelto, el otro permanece vencido en su celda. Éste sirve, aquél gobierna, el de más allá canta y el otro gime. Así, cuando la cárcel se ama como si no fuera una cárcel, (10) de una manera o de otra la muerte nos saca de ella.

---

[117] Moro utiliza el recurso del nombre parlante: llama al ladrón *Clepticus* (del gr. 'kléptō': «robar»).

[118] Cf. *AP* XI, 159.

120. Un rey viene a estar seguro no por su escolta sino por su virtud[119]

No protege a un rey ni el miedo odioso ni los altos palacios ni la riqueza robada a un pueblo. Tampoco la severa escolta contratada a cambio del vil metal; ella servirá a un nuevo amo como sirvió al antiguo. (5) Estará seguro el que gobierna a su pueblo de tal manera que éste juzga que ningún otro serviría mejor sus intereses.

121. El consentimiento del pueblo otorga y retira la soberanía

Cualquier hombre que gobierna a muchos debe su autoridad a aquellos a quienes gobierna. No debe tener el gobierno un instante más de lo que deseen sus súbditos. (5) ¿Por qué los soberanos sin poder son tan orgullosos? ¿Porque gobiernan en precario[120]?

122. Sobre un hombre diminuto. Del griego[121]

Epicuro hace derivar el mundo entero de átomos, Alquimo, puesto que creyó que no había nada más pequeño. Si tú, Diofanto, hubieras vivido en aquel tiempo, lo habría fabricado contigo porque seguramente tú, Diofanto, eres mucho más pequeño que los átomos. (5) O quizá en ese caso habría enseñado que todo lo demás está hecho de átomos pero que los mismos átomos están hechos de ti.

---

[119] Cf. algunos paralelos en Séneca, *De clementia* 1,19,6 y Plutarco, *Moralia* 208b.

[120] El término latino *precarium* designa que algo se usa mientras así lo aprueba la voluntad de su dueño.

[121] Cf. *AP* XI, 103.

123. Sobre el amor casto y el impuro. Del griego[122]

Estos dos, el amor deshonesto y el noble, cuando se encontraron de frente, destruyeron a dos personas: de un lado estaba la lujuria, del otro la honestidad. Una pasión devoradora por Hipólito había consumido a Fedra[123], y al propio Hipólito, ay, su sagrada honestidad lo mató.

124. Sobre la ciudad de Roma. Del griego[124]

Salve, Héctor[125], descendiente de Marte[126]; si puedes oír algo bajo tierra, respira de nuevo y enorgullécete en nombre de tu patria. La ciudad de Ilión[127] es honrada, ahora la habita una estirpe gloriosa, menos poderosa que tú, pero amada por Marte. (5) Los mirmidones[128] han

---

[122] Cf. *AP* IX, 132.

[123] Nombre de la tragedia de Eurípides, y, posteriormente, entre otros, de Séneca, Racine y Unamuno. En ella, Fedra se enamora de su hijastro Hipólito —hijo de Teseo y de la amazona Hipólita (o también Antíope o Melanipa)—; éste rechaza las insinuaciones de su madre, por lo que Fedra, despechada, lo acusa ante su padre Teseo de haber intentado violarla. Irritado Teseo, entrega a su hijo a la furia de Poseidón, quien envía un monstruo marino que espanta a los caballos de Hipólito, y éste fue arrastrado, resultando muerto. Llena de remordimientos, Fedra se suicidó, ahorcándose al saberlo.

[124] Cf. *AP* IX, 387. En el título latino figura *in urbem Rhomam* (*sic*), lo cual puede deberse a un malentendido sobre el texto griego, que se refiere no a Roma como segunda Ilión o Troya sino como la misma Ilión reconstruida por los romanos.

[125] Príncipe troyano, hijo mayor de Príamo y Hécuba, encargado de la defensa de la ciudad frente a las hostilidades de los aqueos en la Guerra de Troya, hasta su muerte a manos de Aquiles.

[126] En el original, *Gradivus*, uno de los sobrenombres de Marte, dios de la guerra en la mitología romana, hijo de Júpiter y Juno.

[127] Nombre de Troya.

[128] Antiguo pueblo de la mitología griega, situado en la Tesalia meridional. Según la *Ilíada* de Homero, era un pueblo valiente y con guerreros muy capaces, y en la Guerra de Troya lucharon bajo las órdenes de Aquiles.

muerto; ven, Héctor, y dile a Aquiles que toda Tesalia está sujeta a los descendientes de Eneas[129].

125. Sobre la moderación. Del griego[130]

Demasiado de cualquier cosa es desagradable: así, incluso la miel es siempre amarga si, como dice el viejo proverbio[131], es demasiada.

126. Sobre un hombre extremadamente infeliz. Del griego[132]

Nunca has vivido, pobre hombre, y nunca morirás. Aunque parezcas vivir, en realidad, en tu desgracia estás muerto. Pero a los que han tenido un enorme éxito y una gran riqueza, la muerte pone fin a su vida algún día.

127. Sobre el silencio de Pitágoras. Del griego[133]

En los asuntos humanos guardar silencio es gran sabiduría; en esto será mi testigo el sabio Pitágoras. Él, experto en hablar, enseña a los demás a callar, pues descubrió que esto era una gran medicina para encontrar la tranquilidad.

---

[129] Héroe de la guerra de Troya, hijo del príncipe Anquises y de la diosa Afrodita (Venus en la mitología romana). Es uno de los caudillos del ejército troyano en la *Ilíada*. Su viaje desde Troya que llevó a la fundación de la ciudad de Roma fue relatado por Virgilio en la *Eneida*.

[130] Cf. *AP* XVI, 16.

[131] La conocida máxima griega («nada en exceso») estaba grabada en el templo de Delfos y se atribuía a diversos autores (Solón y Homero entre otros). Cf. también, p.e., Terencio, *Andria* 61 o Séneca, *De tranquillitate animi* 9,6.

[132] Cf. *AP* X, 63.

[133] Cf. *AP* X, 46.

128. Un chiste sobre Gelia

¿Por qué nos admiramos de las maravillas de los siglos pasados —que un toro habla[134], que una piedra cae con la lluvia[135]—? Lo reciente supera a las maravillas antiguas: he aquí que Gelia ayer por la tarde, antes de oscurecer, se levantó de la cama. (5) Diría más, si no pensaras que bromeo: sin embargo se levantó antes de mediodía. Pues aunque a menudo los siglos pasados vieran aquellas maravillas, y a menudo podrán verlas quizá los venideros, hasta ayer nadie había visto lo que describo (10) ni nadie podrá verlo después de hoy.

129. Sobre Palas[136] y Venus. Del griego[137]

Virgen Tritonia[138], ¿por qué a mí, Venus, me dañas de ese modo? ¿Por qué retienes mis dones en tus dedos? Pues está claro, recuérdalo, que en otro tiempo, en las rocas del

---

[134] Moro se refiere probablemente al toro de Fálaris —tirano de Agrigento desde el 570 a.C. hasta su muerte—, que cambiaba en mugidos los lamentos de los hombres que eran ajusticiados (cf. Cicerón, *De republica* 3,30,42) o a los toros egipcios, encarnación de Apis, que eran oraculares (cf. Plinio, *Naturalis historia* 8,71,185), aunque, estrictamente, ninguno de ellos hablaba. Livio menciona en *Ab Vrbe condita* 24,10,10 un buey que habla.

[135] Hay abundantes noticias de piedras caídas como lluvia: cf. Cicerón (*De divinatione* 1,43,98, *De natura deorum* 2,5,14), Pomponio Mela (*De chorographia* 2,78), Livio 21,62,5 ó 23,31,15.

[136] Epíteto de la diosa griega Atenea, diosa de la sabiduría, la estrategia y la guerra justa. Fue considerada una mentora de héroes y adorada desde la Antigüedad como patrona de Atenas, donde se construyó el Partenón para adorarla. Fue asociada por los etruscos con su diosa Menrva, y posteriormente por los romanos con Minerva. Ésta era venerada a su vez como diosa de la sabiduría, las artes, las técnicas de la guerra, además de ser considerada la protectora de Roma y la patrona de los artesanos.

[137] Cf. *AP* IX, 576. Afrodita se dirige a Palas Atenea, que tiene en la mano una manzana.

[138] Tritonia es un sobrenombre de Palas; cf. Virgilio, *Eneida* 11,483.

monte Ida[139], Paris[140] me juzgó bella a mí, no a ti. (5) La lanza es tuya, y tuya la espada; para mí reclamo la manzana. Que aquella antigua guerra baste para la manzana[141].

130. Que la vida del hombre es nada[142]

Respirando el tenue aire a través de nuestras estrechas fibras vivimos y miramos el esplendor de Febo. Cuantos vivimos aquí somos instrumentos, pero tales que los anima un soplo suave de hálitos vivificadores. (5) Mas si tu mano interrumpe la tenue exhalación, arrebatándote el alma, la enviarás a la Estigia[143]. Pues así somos nada; todos nos alimentamos de Plutón[144] y nos mantiene el ligero soplo de un pequeño hálito.

---

[139] Monte cercano a la antigua Troya en el que —según la mitología griega— fue abandonado Paris cuando era un niño y donde murió tras la guerra de Troya. Allí tuvo lugar el famoso juicio de Paris (cf. nota siguiente).

[140] Príncipe troyano, hijo del rey Príamo y de su esposa Hécuba. En el Olimpo, Éride, *la Discordia* prometió dar la manzana de oro que lanzó en las bodas de Tetis y Peleo para la diosa más hermosa, enfadada por no ser invitada. Ninguna deidad se atrevió a elegir entre Hera, Atenea o Afrodita, y Zeus decidió que la respuesta la diera Paris. El dios mensajero Hermes presentó a las tres diosas ante Paris y le propuso el dilema. Cada una le prometió algo si resultaba ser la elegida: Hera le ofreció ser soberano del mundo, Atenea ser invencible en la guerra y Afrodita le prometió entregarle a Helena, la mujer más bella del mundo. Finalmente, el joven eligió a Afrodita, que además se convirtió en su protectora, y las otras dos deidades juraron venganza. La decisión de Paris terminaría desencadenando la guerra de Troya.

[141] El sentido es claro: que no se desencadene una nueva guerra por una manzana. Quizá Moro esté utilizando el juego de palabras del que ya se sirvió Plauto (*Amphitruo* 723-724): *mālo* («manzana») - *mălo* («mal»).

[142] Cf. *AP* X, 75.

[143] Una oceánide, hija de Océano y Tetis o, según Higino, una diosa hija de Érebo (las tinieblas) y Nix (la noche). La laguna Estigia personificaba un lugar del inframundo griego.

[144] En la mitología romana, Plutón —el Hades griego— era el dios del inframundo; personifica aquí la muerte.

131. Sobre la daga roma del rudo. Del griego[145]

Esta punta de plomo tuya es obtusa y roma; esta punta tiene la agudeza de tu entendimiento.

132. Sobre la fama y la opinión del pueblo

La mayor parte de los hombres se congratulan si alcanzan la fama, aun vacía como es; y porque son superficiales se suben a las estrellas con el voluble viento de la opinión. ¿Por qué te complaces con los comentarios del populacho? En su ceguera, a menudo interpretan lo que es mejor como fracaso y, sin pensar, aprueban lo que es muy reprensible[146]. (5) Dependes continuamente de la opinión de un extraño por temor a que algún remendón se desdiga de la alabanza que te ha conferido. Quizá el hombre cuya alabanza te hace orgulloso está burlándose de ti. Aunque te alabe verdaderamente, esa alabanza es efímera. ¿En qué te ayuda la fama? Puedes ser alabado por todo el mundo, (10) pero si te duele una articulación, ¿en qué te ayuda la fama?

133. Chiste sobre un siervo[147]

Un invitado en un banquete sacó unas moscas de la crátera antes de beber y una vez que había bebido las colocó otra vez. Y explicó el motivo: «A mí no me gustan las moscas,» —dijo— «pero no sé si a alguno de vosotros os gustan».

---

[145] Cf. Diógenes Laercio 6,65.

[146] Cf. Ovidio, *Metamorphoses* 7,20-21.

[147] El término latino *ministrum* que aparece en el título se aviene mal con la realidad del *convivia* («banquete») que presenta el epigrama; una posible solución es entenderlo con el significado genérico de «administrador, funcionario».

134. Sobre un perro de caza

Un perro lleva en la boca un pato cuando la abre para coger a otro. Falla, y el que ya había cogido escapa de su boca. Así tú, avaro, mientras miserablemente intentas quedarte con la propiedad de otro, muchas veces y justamente pierdes la tuya.

135. Un perro en el establo: el hombre avaro

El perro en el establo ni come la paja ni deja cogerla al caballo, que la necesita. El avaro custodia su riqueza, no la usa, y mantiene a distancia a aquellos que la desean.

136. A Orestes[148], cuando se disponía a matar a su madre[149]. Del griego[150]

¿Dónde clavarás la espada, en el vientre o en el pecho? El vientre te llevó, el pecho te alimentó.

137. Lo que deberíamos pedir a Dios en pocas palabras. Del griego[151]

Danos, oh, Dios, lo que es bueno, se te pida o no; y, se te pida o no, aleja de nosotros lo que es malo.

---

[148] Único hijo varón de Agamenón y Clitemnestra. Según la historia homérica, Orestes estaba ausente de Micenas cuando su padre volvió de la Guerra de Troya y fue asesinado por el amante de su esposa, Egisto. Años después, Orestes volvió de Atenas y vengó la muerte de su padre asesinando al amante de su madre y a su propia madre. Orestes pasó a ser una figura de primer plano con los trágicos griegos, especialmente con Esquilo.

[149] Se imagina que habla Clitemnestra a Orestes (cf. nota anterior).

[150] Cf. *AP* IX, 126.

[151] Cf. *AP* X, 108.

138. Sobre los hombres que se casan dos veces. Del griego[152]

El que toma segunda esposa después de morir la primera es un náufrago que por segunda vez navega en un mar tormentoso.

139. Sobre el sueño que hace al pobre igual al rico

Oh, sueño, tranquilidad de la vida, esperanza y consuelo del pobre, que por la noche igualas al rico, alivias los corazones tristes con el suave rocío del olvido y alejas así toda consciencia de sufrimiento. (5) Generosamente en felices sueños repartes riqueza al indigente. ¿Por qué, oh, rico, te burlas de la riqueza imaginaria del pobre? La riqueza real trae al rico preocupaciones, dolores, penas; la riqueza imaginaria trae al pobre alegría real.

140. Sobre un hombre feo y malvado. Del griego[153]

Es difícil representar un alma, fácil retratar un cuerpo. En tu caso es verdad lo contrario, pues tu apariencia revela de tal modo tus hábitos malos que son fáciles de discernir en toda tu persona. (5) Pero tus deformes miembros, presagios de tu forma interior[154], ¿quién los pintaría, cuando nadie querría mirarlos?

141. Sobre un capadocio venenoso. Del griego[155]

Una víbora mortal mordió a un capadocio y murió al instante: había chupado la corrosiva sangre del capadocio.

---

[152] Cf. *AP* IX, 133.

[153] Cf. *AP* XI, 412.

[154] *Forma*, en el sentido aristotélico, como parte —junto con la sustancia— que constituía las distintas realidades.

[155] Cf. *AP* XI, 237.

100

142. Sobre una estatua de hierro. Del griego[156]

A ti, el rey que asoló el mundo, te han dedicado una estatua de hierro, que es mucho más barata que el bronce. Esto es el resultado del hambre, la matanza, la ira, la pobreza cruel. Esta avaricia tuya ha desolado a todos.

143. A Cándido: cómo escoger esposa. Poema dímetro yámbico braquicataléctico[157]

Tu edad, Cándido, está llegando ya a un punto donde sugiere que por fin rechaces uniones temporales, (5) que por fin ceses de perseguir las azarosas camas de Venus[158] y que encuentres una muchacha virgen que unas a ti (10) con amor de esposo, formalmente y en armonía; que, fecunda, aumente (15) con dulces hijos tu estirpe, la mayor felicidad. Tu padre ya hizo esto por ti. (20) Lo que has recibido de tus antepasados, pásalo, aumentado, a tus descendientes. (25) Sin embargo, Cándido, no dejes que tu primera preocupación sea cuánta dote trae o lo hermosa que es. Débil es el amor que surge de un impulso insensato (30) causado por la belleza o de un ansia corrompida por el dinero. El hombre que ama por causa del dinero, (35) no ama más que el dinero. Tan pronto como consigue el dinero, al punto se desvanece su fugaz amor (40) y muere casi antes de nacer. Y el dinero que el avaro, desgraciado, había codiciado antes, (45) no le puede ayudar más tarde cuando, contra su voluntad, se le exige

---

[156] Cf. *AP* XI, 270.

[157] Cataléctico: verso de la poesía griega y latina, al que le falta una sílaba al final, o en el cual es imperfecto alguno de los pies. El pie yámbico consiste en la combinación de sílaba breve + sílaba larga.

[158] En el original latino aparece otro de los nombres de esta diosa —*Cypridis*—, aludiendo a su condición de divinidad de Chipre.

(50) conservar a la esposa que no ama. ¿Qué es la belleza? ¿No se desvanece acaso en la enfermedad, no perece con el tiempo como una florecilla al sol? (55) Entonces, palideciendo los colores de sus mejillas, un amor ligado sólo por esas ataduras se rompe y desaparece. (60) Mas un amor verdadero es el que el hombre prudente inicia con espíritu claro y guiado por la razón; el amor verdadero está inspirado, con feliz promesa, por el respeto (65) a la virtud gloriosa de una mujer, un noble don que perdura, no desfallece en la enfermedad, no perece con los años. Y así, amigo mío, si deseas casarte, (70) observa primero qué clase de padres tiene la dama; fíjate que su madre (75) sea reverenciada por la excelencia de sus costumbres, de modo que sean heredadas e imitadas por su tierna hijita. Y fíjate qué carácter tiene, (80) lo dulce que es; que su semblante de doncella sea sereno y sin severidad. (85) Pero que su modestia haga enrojecer sus mejillas; que su mirada no sea provocativa. Que tenga maneras suaves, (90) que no rodee con sus brazos licenciosamente el cuello de los hombres, que contenga sus miradas, que no tenga ojos inquisitivos. (95) Que su boca esté siempre libre de charlatanerías sin sentido y también de silencio grosero. (100) Que o esté acabando su educación o preparada para comenzarla inmediatamente. Feliz es la mujer cuya educación le permite sacar (105) de las mejores obras antiguas los principios que confieren felicidad en la vida. Armada con esta educación, (110) no se rendirá al orgullo en la prosperidad, ni a la tristeza en la contrariedad, aunque el infortunio le golpee. Por esta razón, tu compañera de por vida (115) siempre será alegre, nunca un problema o una carga. Si tiene buena instrucción, (120) un día enseñará a tus nietecitos a leer en una edad temprana. Te complacerás en (125) dejar la compañía de los hombres y buscar reposo en el regazo de tu culta esposa. Mientras,

ella atiende a tu comodidad, (130) y mientras bajo su hábil toque resuenan las cuerdas pulsadas, con una dulce voz (tan dulce, Procne[159], como la de tu hermana), canta deliciosas canciones tales (135) como a Apolo le gustaría oír. Entonces te alegrará pasar días (140) y noches en conversación agradable e inteligente, escuchando las dulces palabras (145) que fluyen siempre encantadoramente de su dulce boca. Por sus comentarios te refrenará si el éxito vano te exalta y te confortará (150) si una pena onerosa te derriba. Cuando habla competirán su perfecto poder de expresión (155) y su ponderada comprensión en todo tipo de asuntos. Pienso que la esposa el poeta Orfeo[160] tiempo atrás fue una mujer así; (160) nunca hubiera dedicado un tiempo tan grande a recobrar del infierno a una mujer inculta. Tal mujer, creo, era la noble hija de Ovidio (165) que rivalizaría en composición poética incluso con su propio padre. Tal mujer, sospecho, fue Tulia — (170) nunca hubo una hija tan querida por un padre[161], que en sabiduría era el primero. Tal mujer fue la madre de los dos

---

[159] Hija del rey de Atenas Pandión y hermana de Filomela; las hermanas fueron convertidas por los dioses en ruiseñor y golondrina respectivamente, al huir de Tereo —esposo de Procne— que quería vengar la muerte de su hijo a manos de Procne para castigar la infidelidad de su marido.

[160] Se hace referencia al mito más famoso de Orfeo y Eurídice, en torno al cual existe una literatura y una serie de representaciones artísticas abundantes. En la versión más difundida, Orfeo, hijo de la Musa Calíope, es el cantor, músico y poeta por excelencia: con sus cantos las fieras le seguían, las plantas se inclinaban y los hombres mas ariscos se suavizaban. Al descender a los infiernos para rescatar a su esposa Eurídice, las divinidades Hádes y Perséfone acceden a restituírsela, ya que Orfeo ha dado grandes pruebas de amor; la condición será que Orfeo no mire atrás en el camino de regreso para ver si su esposa lo sigue antes de salir de su reino y ver la luz del día. A punto de llegar a su destino, las dudas asaltan a Orfeo, que vuelve la cabeza para comprobar que le sigue su amada Eurídice, quien muere para siempre.

[161] Tulia (ca. 78-45 a.C.) fue la hija querida de Cicerón.

Gracos[162]. (175) Enseñó a sus hijos los buenos principios; no llegó a menos como maestra de lo que llegó como madre. ¿Por qué (180) continúo contemplando los tiempos antiguos? Después de todo, nuestra época, aunque sea ruda, tiene una muchacha, (185) aunque una sola, que se puede colocar sobre todas las demás y compararla con cualquiera de aquellas mujeres (190) cuyas historias han llegado a nosotros desde tiempos pasados. Llevada (195) por las alas de la Fama[163] instruye ahora a la remota Gran Bretaña, el único motivo de orgullo y gloria de todo el mundo; no sólo la Casandra[164] de su propio país[165]. (200) Di, Cándido, si fueras a desposar a una mujer como aquellas que he mencionado, (205)¿podrías, incluso si no fuese tan bella, encontrar que no da la talla o quejarte de que ganas poco con su dote? Esta es la verdad del asunto: (210) «cualquiera que sea su apariencia, es lo suficientemente bella si su apariencia da placer; y ningún hombre posee más que aquel que está contento con lo que tiene». (215) Que mi mujer deje de amarme si no te estoy diciendo la verdad, amigo mío. (220) Si la naturaleza ha negado el don de la belleza a una muchacha; si, aunque sea más

---

[162] *I.e.*, Cornelia, segunda hija de Publio Cornelio Escipión el Africano, que dedicó gran parte de su vida a la educación de sus hijos.

[163] Cf. nota correspondiente al epigrama 184.

[164] En la mitología griega, Casandra (etimológicamente «la que enreda a los hombres») era hija de Hécuba y Príamo, reyes de Troya. Un aleyenda refiere que fue sacerdotisa de Apolo, con quien pactó, a cambio de un encuentro carnal, la concesión del don de la profecía. Sin embargo, cuando accedió a los arcanos de la adivinación, rechazó el amor del dios; éste, viéndose traicionado, la maldijo escupiéndole en la boca: seguiría teniendo su don, pero nadie creería jamás en sus pronósticos. Tiempo después, ante su anuncio repetido de la inminente caída de Troya, ningún ciudadano dio crédito a sus vaticinios.

[165] La mujer a la que se refiere, presumiblemente de rango elevado y que claramente vive en Inglaterra y es famosa en el resto del mundo, no está, hasta la fecha, identificada; las hipótesis son variadas.

negra que el carbón, tiene esta disposición virtuosa, (225) a mis ojos será más bella que un cisne. Si la voluble fortuna le ha negado una dote, si, (230) aunque sea más pobre que Iro[166], tiene esta disposición virtuosa, sería a mis ojos más rica, Creso[167], que tú.

144. Un cuento gracioso sobre un fanfarrón

Mientras el soldado Trasón[168] estaba fuera, un tosco boyero violó a su esposa. Cuando el soldado volvió y oyó la historia, armado y furioso corre en su persecución. (5) Encontrando finalmente al villano solo en un campo, le llama a gritos: «Eh, eh, tú, bandido». Se para el boyero y coge una brazada de piedras. El soldado con la espada desnuda, le grita: «¿Pusiste la mano sobre mi mujer, desalmado?». (10) El boyero, impertérrito, replica: «Sí». «¿Lo confiesas?», dijo el soldado. «Por todos los dioses y diosas, villano, juro que habría sepultado esta espada en tu pecho hasta la empuñadura si no hubieras confesado»[169].

145. Sobre la moderación. Del griego[170]

No deseo campos más espaciosos. No quiero la dorada felicidad de Gyges[171]. Vivir lo suficiente para sostener

---

[166] Cf. nota correspondiente del epigrama 40.

[167] Cf. nota correspondiente al epigrama 107.

[168] Moro puede haberse inspirado en el personaje del mismo nombre y características que aparece, por ejemplo, en la comedia de Terencio *Eunuchus*; el militar fanfarrón es un personaje típico de la comedia griega y latina.

[169] Cf. Virgilio, *Eneida* 2,553.

[170] Cf. *AP* IX, 110.

[171] Según la *República* de Platón, pastor que un día descubre un anillo que le vuelve invisible. Gracias a esta cualidad que le otorga el anillo, el

la vida es vivir lo suficiente para mí. Ese dicho «nada en exceso»[172], me complace enormemente.

146. Héctor[173] muriendo. Del griego[174]

Deshaceos de mi cuerpo cuando muera, Dánaos[175], pues las liebres temen al esqueleto de un león.

147. Contra un poeta necio

El poeta que no era segundo a nadie, hace tiempo escribió que en piedad Eneas era el primero. Y así, cierto personaje que quería alabar al rey —en elegante imitación de Marón, desde luego—, dijo: (5) «aquí hay un rey a quien ninguno es segundo». El rey no merece tal alabanza; pero el poeta la merece bien. Así, demos a cada uno la alabanza que le es debida. «Aquí hay un poeta, entonces, a quien nadie es segundo; (10) aquí hay un rey que es segundo a nadie»[176].

---

pastor obtiene el trono de Lidia tras asesinar al rey Candaules y se casa con la esposa de éste, Nisia.

[172] Cf. nota correspondiente al epigrama 125.

[173] Cf. nota al epigrama 124.

[174] Cf. *AP* XVI, 4.

[175] Uno de los nombres que sirven para designar a los griegos. En la *Ilíada* de Homero, las fuerzas griegas que asedian Troya son mencionadas con tres nombres diferentes: los Argivos (de Argos, la antigua capital de los aqueos), los Dánaos (denominación que se atribuye a la primera tribu en dominar el Peloponeso y el área alrededor de Argos) y los Aqueos (primer pueblo que, con refuerzos eolios, consiguió controlar los territorios griegos, estableciendo su capital en Micenas).

[176] El poeta objeto de la sátira es Pietro Carmeliano, secretario de lengua latina de Enrique VII. Su frase figura en una poesía escrita en 1508 para celebrar los esponsales de la princesa María con Carlos de Castilla. El poeta cuya referencia abre el epigrama es, obviamente, Virgilio, de quien Carmeliano había parafraseado *Eneida* 1,544-555 (*rex erat Aeneas nobis, quo iustior alter, /*

148. Sobre cierto autor que en un estilo vulgar escribió himnos en honor a los santos, explicando en su prefacio que los escribió a la ligera, sin observar las reglas de la métrica y que su tema no requería elocuencia[177]

Este sagrado libro de André contiene con admirable brevedad todos los días de fiesta del año en orden cronológico. Se puede creer que todos los santos celebrados aquí viniesen en ayuda de su poeta cuando lo escribía; (5) pues lo escribió deprisa, pero de tal modo que incluso con todo el tiempo del mundo, no lo hubiese podido escribir mejor. Su tema es religioso y su estilo, sin influencias de los antiguos, fue preservado del destino por la presente obra; si no se atiene escrupulosamente a todas las reglas de la métrica, (10) esto no se debe al error sino que es por una razón. La majestad de la obra rechaza estar sujeta a las reglas métricas: por supuesto, donde está el Espíritu, hay libertad[178]. Para el lector inculto, basta la piedad del libro, pero para vosotros, acostumbrados a beber de la fuente Castalia[179], (15) si lo examináis de cerca, recibiréis tal placer de este libro como nunca habréis podido experimentar antes con otro.

149. Para Estratofonte, púgil indolente. Del griego[180]

El rey guerrero de Ítaca[181], estuvo lejos de su hogar durante veinte años; cuando volvió lo reconoció su veloz perro. Oh,

---

nec pietate fuit, nec bello maior et armis: «Eneas era nuestro rey; no hubo otro más justo que él, ni más grande por su piedad o por sus gestas en la guerra»).

[177] Se refiere a un libro de himnos litúrgicos escrito por Bernard André (1450-1522).

178 Alusión jocosa a Vulg. *2 Corintios* 3,17: *ubi autem Spiritus Domini ibi libertas.*

[179] Cf. nota correspondiente al epigrama 19.

[180] Cf. *AP* XI, 77.

[181] Ulises.

púgil Estratofonte, ahora que has luchado durante cuatro horas, (5) tu perro y tus conciudadanos ya no te pueden reconocer. De hecho, Estratofonte, si te miras en un espejo, tú mismo, bajo juramento, negarás ser Estratofonte.

150. Para un púgil indolente. Del griego[182]

Aquí está Nésimo[183], el púgil; pregunta al adivino Olimpo si va a llegarle la edad avanzada. El adivino contesta: «quizá vivas si te retiras, pero si continúas luchando, el gélido[184] dios te amenaza con su guadaña».

151. Para un parásito. Del griego[185]

Cuando Eutíquides participa en una carrera en el estadio, podrías pensar que estaba quieto; pero cuando corre a comer, podrías pensar que sin duda estaba volando.

152. Para un bebedor. Del griego[186]

No ofrezcáis coronas ni ungüentos en mi tumba. Vino y calor será un dispendio inútil para una piedra. Dadme estas cosas mientras estoy vivo; echar falerno[187] en mis cenizas, no me da vino, sólo hace barro.

---

[182] Cf. *AP* XI, 161.

[183] Moro ha omitido probablemente la primera sílaba del nombre (Onésimo) no sólo por razones métricas sino porque la palabra griega significaba «útil, ventajoso».

[184] Perífrasis para referirse al dios Cronos, que hace alusión al frío asociado a la muerte. La tradición medieval había transformado al frío y malvado Saturno en la figura del Padre del Tiempo provisto de guadaña.

[185] Cf. *AP* XI, 208.

[186] Cf. *AP* XI, 8.

[187] Vino de calidad cultivado en la Campania, al sur de Italia.

153. Para un bebedor. Del griego[188]

Nacido de la tierra, volveré a la tierra con la muerte. Así que ven a mí llena, vasija de barro.

154. Sobre una mujer fea. Del griego[189]

Tu espejo te engaña, Gelia, pues si una sola vez mirases en un espejo fiel, nunca volverías a mirar.

155. Sobre una mujer fea. Del griego[190]

Correría a Partia[191] o a las columnas de Hércules[192] si alguien viese desnuda a Antípatra una sola vez.

156. Sobre una mujer fea. Del griego[193]

El infeliz que se casa con una mujer fea aún tendrá oscuridad cuando se encienden las lámparas por la noche.

157. Para un hombre que era filósofo sólo por su barba. Del griego[194]

Si una barba sin recortar hace a un hombre filósofo, ¿qué impide que una cabra barbada pueda ser Platón?

---

[188] Cf. *AP* XI, 43.

[189] Cf. *AP* XI, 266.

[190] Cf. *AP* XI, 201.

[191] Lugar lejano que se corresponde con lo que hoy sería la frontera entre Irán y Turkmenistán, al este del territorio del imperio romano en el siglo I d.C.

[192] Símbolo del otro extremo de Imperio. Se trata de un elemento legendario de origen mitológico, situado en el estrecho de Gibraltar, que señalaba el límite del mundo conocido, la última frontera para los antiguos navegantes del Mediterráneo.

[193] Cf. *AP* XI, 287.

[194] Cf. *AP* XI, 430.

158. Sobre el desenfreno

La libertad sin límites avanza con paso irrevocable más allá de los límites que se le han marcado y no puede ser refrenada. Si dejas que tu mujer te pise el pie esta noche, mañana al levantarse te pisará la cabeza.

159. Epitafio de Abyngdon[195] el cantor

Que el famoso cantor, Henry Abyngdon pueda atraer tu mirada a esta inscripción; en otro tiempo había atraído tus oídos. No hace mucho cantaba con una voz maravillosa como sólo él podía hacerlo, tocaba el órgano con destreza incomparable como sólo él podía hacerlo. (5) Primero fue el orgullo de la iglesia en Gales; después el rey decidió que prestaría su fama a la capilla real. Ahora Dios lo ha arrebatado al rey y lo ha instalado entre las estrellas para añadir gloria a los mismísimos habitantes del cielo.

160. Otro epitafio del mismo hombre

Aquí yace Henry, siempre amigo de la piedad. Abyngdon fue su apellido, si alguien lo pregunta. Una vez fue sustituto del maestro de coro de la venerable iglesia de Gales y más tarde se convirtió en cantor en la bella capilla real. (5) Fue el mejor entre innumerables cantores. Y además de esto fue el mejor de los organistas. Por eso ahora, Cristo, puesto que siempre te sirvió a ti solo en la tierra, concédele el reino de los cielos.

---

[195] Henry Abyngdon (ca. 1418-ca. 1497), cantor, organista y compositor.

110

161. Contra Jano, heredero de Abyngdon

Escribí un poema elegíaco[196] para señalar la tumba de Henry Abyngdon a petición de su heredero, Jano. A Jano no le gustó —y bien podría no haber gustado a hombres cultos—, pero a Jano solamente no le gustaron sus mejores partes. (5) «Estos versos vuestros no riman», dijo. Al punto me di cuenta de la clase de lechugas[197] que gustan a bocas como la suya. Por eso, con una carcajada, suelto unos versos irrisorios. Él, aplaudiendo con las dos manos, se los traga. Esos son los versos que ha inscrito en la tumba. Merece ser echado a la misma tumba (10) y ser conmemorado con los mismos versos que yo mismo escogí. Jano[198], el dios de la doble cara, lo ve todo del pasado y del futuro. Este Jano, como un topo sin cara, no ve nada ni del pasado ni del futuro.

162. A un cortesano

A menudo te jactas ante mí de que tú diviertes a menudo los oídos del rey libremente y a tu voluntad. Así se juega con leones domados: a menudo es inofensivo, pero también a menudo hay temor al daño. (5) Con frecuencia él ruge de ira sin razón conocida y de repente se convierte en muerte lo que sólo era un juego. El placer que obtienes no es lo bastante seguro para eximirte de tu angustia. Para ti es gran placer; para mí, que el placer sea menos grande mientras sea seguro.

---

[196] Forma métrica clásica que alterna, en dísticos, hexámetros y pentámetros.

[197] Como muestra de alimento pobre; se trata de una expresión proverbial.

[198] En la mitología romana, antiguo dios que tenía dos caras mirando hacia ambos lados de su perfil; Jano era el dios de las puertas, los comienzos y los finales.

163. A Tyndale, su deudor

Antes de que te prestase mi dinero, Tyndale, tenía el placer de tu compañía siempre que quería; pero ahora, si por casualidad me ves al volver una esquina, huyes igual que quien, aterrorizado, acaba de ver una serpiente. (5) Créeme, nunca he tenido intención de pedir que me devuelvas mi dinero. No la he tenido pero la tendré, más que ser forzado a perderte. Para conservarte estoy dispuesto a perder el dinero; pero no estoy dispuesto a perder ambos; sería una pérdida demasiado grande para mí. Así que o guárdate el dinero y devuélveme tu amistad, (10) o devuélveme tu amistad y también el dinero. Pero si ninguna de las dos cosas te place, entonces por lo menos haz que no pierda mi dinero. Y a ti, amigo perdido, adiós.

164. Sobre un mendigo que fingía ser médico

Tú te haces pasar por médico; nosotros declaramos que eres más: tienes una letra más que médico[199].

165. Sobre una esposa infiel

Fecunda, qué fecunda es la esposa de mi amigo Arato. Sí, tres veces ha concebido y dado fruto sin ayuda de su esposo.

166. Sobre un hombre diminuto. Del griego[200]

Para escapar al trabajo monótono de su penosa vida, Diofanto usó un hilo de araña como horca.

---

[199] Moro se sirve de la similitud entre las palabras latinas *medicus* «médico») y *mendicus* («mendigo»); el recurso había sido utilizado ya por Plauto en su comedia *Rudens* 1304-1306.

[200] Cf. *AP* XI, 111.

167. Sobre una muchacha que simuló una violación

Cuando por casualidad un joven vio a una muchacha sola y pensó que éste era su momento oportuno, el granuja la rodea con sus ansiosos brazos, y se dispone a darle besos y más que besos, contra su voluntad. (5) Ella lo rechazó y furiosa, le amenaza con la ley según la cual el miserable violador muere derramando su sangre. Sin embargo, él, violento por el ansia juvenil, insiste, y lo intenta ya con persuasión, ya con amenazas. Ella se resiste gritando, rechazando la persuasión y las amenazas. (10) Le da patadas, le muerde, le pega. La ira inflama al joven casi más que su lujuria y furioso, dice: «Oh, loca, ¿así persistes? Te juro por esta espada…» —y sacó su espada— «… que si no yaces de buen grado y te callas, me voy». (15) Al punto aterrorizada por una amenaza tan funesta, se tendió y dijo: «Venga, pero lo que hagas, lo haces por la fuerza».

168. Sobre Crísalo[201]

Cuando Crísalo enterraba su cajita de dinero en el bosque, pensaba dubitativo qué señales seguras del sitio podría escoger. Y cuando vio un ruidoso cuervo en lo alto de un árbol, pensó: «aquí tengo una marca clara», y se fue. (5) Aquella única marca que se había convertido en multitud lo burló a su vuelta, pues ve sus marcas ya en cada árbol.

169. Sobre un astrólogo

Mientras los astrólogos, a quienes nuestro propio error honra como adivinos, determinan nuestro destino de acuerdo con la posición de una estrella mientras esta estrella es prometedora y aquella otra amenazadora, tu mente se balancea entre la esperanza y el miedo. (5) Si va a venir

---

[201] Cf. nota correspondiente al epigrama 99.

la buena fortuna, vendrá aunque los astrólogos no digan nada; y la buena suerte inesperada proporciona más placer. Si, por otra parte, tiene que venir la mala suerte, es mejor no saber nada de ella el mayor tiempo posible y disfrutar del momento hasta que llegue. De hecho, esto es lo que aconsejo aunque lo prohíban los propios hados: (10) conserva tu mente serena y gasta tus días con buen humor.

170. A un hombre digno de la cruz. Del griego[202]

Quita las dos primeras letras de tu «Mastauron»[203]; nadie puede merecer más lo que queda que tú.

171. Un epitafio. Del griego[204]

Esta tumba acoge a cuatro hermanos. A dos de ellos, ay, un único día les trajo la vida y la muerte.

172. Del griego[205]

Timócrito era valiente en la batalla; por eso yace aquí. No es al valiente sino al cobarde al que libras, cruel Marte.

173. Del griego[206]

Esta urna contiene los hijos gemelos de Neocles; uno libró a su patria de la esclavitud, el otro, del vicio.

---

[202] Cf. *AP* XI, 230.

[203] «Mastauron» indica que el «Marco» que aparece en el original griego era oriundo de la ciudad de Mastaura. Si se omiten las dos primeras letras, lo que queda es el genitivo plural (gramaticalmente obligado en este contexto) del término griego 'staurós', que se puede entender como «cruz»; de ahí el juego de palabras que da fuerza satírica al epigrama.

[204] Cf. *AP* VII, 323.

[205] Cf. *AP* VII, 160.

[206] Cf. *AP* VII, 62.

174. A un hombre que tenía en casa una mala esposa

Amigo mío, tu mujer siempre es insoportable contigo. Cuando la tratas mal, empeora, pero se vuelve pésima cuando la tratas bien. Mas si se muere será una buena esposa; mejor si lo hace cuando tú vives, y óptima si se muere pronto.

175. Sobre unos marineros que durante una tormenta tiraron por la borda a un monje con el que se habían confesado

Cuando las encrespadas olas se levantaban en una rugiente tormenta y la furia del mar se estrellaba contra el frágil barco, un temor religioso invade a los atemorizados marineros. Exclaman: «¡Ay!, nuestra malgastada vida nos ha traído este mal». (5) Había un monje entre los pasajeros; se apresuran a descargar sus pecados en su oído. Pero cuando vieron que el mar no se había calmado nada, sino que, al contrario, el barco apenas se mantenía a flote en la avalancha del agua, uno de ellos dijo: «¿Por qué nos extrañamos de que nuestro barco apenas flote?; (10) todo este tiempo ha estado sobrecargado por el peso de nuestros pecados. Tirad por la borda a este monje en el que hemos vaciado toda nuestra culpa y que se lleve nuestros pecados con él». Aprueban lo dicho; cogen al hombre y a una lo lanzan al mar. Y les parece que el barco navega más ligero que antes. (15) Ahora aprende de esto lo pesada que es la carga de los pecados, puesto que un barco no pudo sostener su peso.

176. A Cándido, un párroco de mala vida

Mi querido Cándido, te han hecho pastor de un gran pueblo; por tanto, te felicito de corazón a ti y a tu rebaño.

O la simpatía ha dañado mi juicio o tu rebaño no ha podido tener antes tal sacerdote. (5) No tienes conocimiento de vanas disciplinas que te hagan orgulloso; claramente tal conocimiento no tiene valor para tu pueblo. Además tienes raras virtudes; hombres tan raros como tú, creo, hubo entre los antiguos padres. Tu vida puede funcionar como un limpio espejo: tu pueblo puede decidir qué hacer y qué evitar. Sólo es necesario aconsejarles que te observen de cerca, eviten lo que haces y hagan lo que tú evitas.

177. Del griego[207]

En esta urna reposa un náufrago; en aquella un campesino. El camino a la Estigia[208] es el mismo por tierra o por mar.

178. Contra el obispo Póstumo

Eres prelado, Póstumo, y merecidamente tienes esta autoridad extraordinaria porque no había en todo el mundo un hombre más extraordinario[209]. Me alegro de que tan importante, me alegro de que tan santa dignidad no sea ahora conferida por azar, como solía ser. (5) De hecho, un impulso por azar está destinado a equivocarse, pero en lo que a ti respecta es obvio que te seleccionaron con gran cuidado. Realmente, cuando un solo hombre se escoge de entre muchos a menudo resulta por casualidad ser malo o, por opción deliberada, ser el peor. Pero en tu caso, si se va a escoger uno solo de entre muchos miles, (10) no podría escogerse más estúpido o menos bueno.

---

[207] Cf. *AP* VII, 265.

[208] Cf. nota al epigrama 130.

[209] Moro juega con el doble significado de *sacer*: «sagrado-abominable»; se utiliza aquí el ambiguo «extraordinario» para tratar de reproducir el recurso semántico del autor, quien no desvela su auténtica intención hasta el último verso del epigrama.

179. Sobre Bolano

Antes de que Bolano se fuera a acostar, sus compañeros esparcieron por toda su cama ortigas punzantes. Sin embargo, él niega que le hubieran pinchado, pero no niega que las encontrara cuando estaba desvestido y en la oscuridad. Por tanto, debe ser que evitaron su carne (5) o que se pegaron sólo a sus uñas o a sus dientes desnudos. Y sin embargo, si se encontró con las hojas en la oscuridad sin ser herido, ¿cómo descubrió que eran ortigas?

180. La fábula de la zorra enferma y el león

Mientras una zorra yace enferma en su estrecha madriguera, un león de voz persuasiva[210] se paró a la entrada y dijo: «Dime, amiga mía, ¿no te encuentras bien? Te pondrás bien si me dejas que te lama; no te imaginas qué poder tiene mi lengua». (5) «Tu lengua» —dijo la zorra— «tiene poderes curativos, pero el problema es que tan buena lengua tiene malos vecinos».

181. Sobre Lisímaco y el león[211]

Cuando un león domado lamía a su domador con su lengua apacible, el domador invita a quien quiera a ponerse en su lugar. Después de un tiempo, cuando ninguno de la gran multitud de espectadores se había adelantado, se lanzó el valiente Lisímaco. (5) Dijo: «soy valiente como

---

[210] Cf. Ovidio, *Metamorphoses* 13,555-556: *tum blando callidus ore / … dixit* («entonces astuto, dijo con suaves palabras»).

[211] Lisímaco (360-281 a.C.), valiente general de Alejandro Magno que llegó a ser rey de Tracia. En el epítome que escribió Justino de las *Historiae Philippicae* de Pompeyo Trogo (15,3,4-6) —historiador del s. I d.C.—, este general mata un fiero león cortándole le lengua.

para tocar la lengua del león, pero sus dientes están tan cerca que no lo haré».

182. A Fabiano el astrólogo

Ahora que cada día la turba crédula te compra grandes cantidades de predicciones, si entre las muchas mentiras que les cuentas hay por casualidad una sencilla verdad, al punto quieres que crea, Fabiano, que eres un adivino. (5) Pero siempre te equivocas en tus predicciones. Si esto puedes mantenerlo, Fabiano, pensaré que eres un adivino.

183. Contra el rey de Escocia que por disimular la traición atacó la fortaleza de Norham[212], que ya le había sido entregada

Escocés, ¿por qué asedias con hombres armados la fortaleza de Norham, que ya te ha sido entregada con una falsa traición? ¿Te avergüenzas de tus engaños? Tus culpas son tantas y tan notorias, que ésta no debería causarte vergüenza. (5) Tu placer al tomar la fortaleza con malas artes podría haber sido grande, pero fue escaso. Pocos días después de la desgraciada pero bien merecida destrucción tuya y de los tuyos, la fortaleza conquistada fue reconquistada. Cuando el traidor pidió su recompensa en tu reino, (10) recibió la paga que merecía su crimen, la muerte. El destino de esa fortaleza invencible es que perezca el que la traiciona y el enemigo a quien se entrega por traición.

---

[212] Norham Castle, cerca de la ciudad de Norham, había sido durante siglos una fortaleza inglesa en la frontera. Las tropas escocesas la habían atacado sin éxito en 1498. El 22 de agosto de 1513, mientras Enrique VIII combatía en Francia, Jacobo IV de Escocia invadió Inglaterra y asedió el castillo de Norham, que se rindió el 28 de agosto.

184. Epitafio para Jacobo, rey de los escoceses

Soy yo, Jacobo, rey de los escoceses, valiente y desafortunado enemigo de un reino amigo, el que está enterrado bajo esta tierra. Si mi lealtad hubiese sido igual que mi valor, no me habrían sobrevenido consecuencias vergonzosas. (5) Pero, ay, es vergonzoso jactarse y repugnante quejarse: por tanto, no diré más. Y ojalá, oh Fama[213] habladora, quieras guardar silencio. A vosotros, reyes —ayer yo mismo fui rey— os advierto que no permitáis, como a menudo ocurre, que la lealtad sea una palabra vacía.

185. Sobre un mal pintor

Un pintor admirado por su destreza extraordinaria muestra en una pintura cómo una liebre asustada huye de las crueles mandíbulas de un perro. Después de ponderar los secretos más íntimos de la naturaleza, representó a la liebre como mirando hacia atrás con terror durante su huida. (5) Espero que el pintor que así acertó a mostrar una liebre escapándose, se convierta él mismo en una liebre y que durante su esfuerzo por escapar, mire hacia atrás.

186. Sobre el mismo pintor

Una liebre y un perro fueron pintados de tal modo que nadie podía distinguir cuál era el perro y cuál la liebre.

---

[213] En la mitología romana, Fama —engendrada por la Tierra— era la personificación divinizada de los rumores y la fama; se encargaba de extender los rumores y los hechos de los hombres, sin importarle si éstos eran ciertos o no, o eran justos o negativos. Ovidio (*Metamorphoses* 12,43-64) recarga el retrato de esta divinidad: su morada es un palacio sonoro de bronce con muchas aberturas por donde penetran todas las voces, que son devueltas amplificadas.

Cuando el artista se enteró de esto, agudo y con admirable intuición, suplió lo que había faltado a su destreza insuficiente. (5) Para dejar el asunto claro y eliminar todo equívoco, escribió simplemente en la parte de abajo: «éste es el perro; aquélla, la liebre».

187. Sobre Tíndaro

Mientras Tíndaro besaba a una muchacha de nariz ciertamente no pequeña, quiso de repente hacerse el gracioso. «En vano —dice— trato de acercar mis labios a los tuyos: tu nariz mantiene mi boca a distancia». (5) La muchacha enrojeció de repente e hirvió con ira reprimida, picada por su gracia no muy graciosa. «Si mi nariz aleja tus besos de mi boca —respondió—, entonces me puedes besar aquí, donde no tengo nariz».

188. Contra Germain de Brie[214], que escribe falsedades del barco francés *Cordelière* y su capitán Hervé

De Brie, mientras celebras a Hervé condenas tu poesía, porque con mala fe has descrito empresas bien llevadas. En el poema, Germain, nos prometes una historia, pero puesto que no es toda verdad, tampoco es historia. (5) Que los historiadores empiecen a mostrar o prejuicio o favoritismo, y ¿quién le dará crédito a sus historias? Este mismísimo Hervé tuyo ha perdido su alabanza por tu culpa, pues sin fe en los hechos no puede tenerla.

---

[214] *Germanus Brixius*: el humanista francés Germain de Brie con quien Tomás Moro entró en polémica (1520). Se mantiene en la traducción el nombre francés.

189. Sobre el mismo autor que trata del mismo Hervé y de la misma nave, que fue quemada en una batalla naval

Que de Brie haya ensalzado a Hervé con una alabanza que no merecía, que haya privado al capitán rival de su debido honor y haya cantado en su poema de la nave *Cordèliere* mil mentiras contrarias a los hechos, (5) no me sorprende en absoluto. Sin embargo no creo que deliberadamente haya querido él escribir falsedades con ánimo engañoso; más bien simplemente que ningún superviviente pudo volver para contar al poeta la verdad sobre la *Cordèliere*. Pero para que él hubiese sabido toda la verdad, (10) habría sido justo que él mismo hubiera estado a bordo, en medio de la nave.

190. Versos tomados del poema *Chordigera* de de Brie, al cual se refieren algunos de los siguientes epigramas

A derecha e izquierda los Britanos rodean a Hervé mientras él está solo, muchos dardos vuelan como tormenta de granizo a la cabeza de Hervé, siempre solo; pero el héroe valientemente los rechaza con su escudo y las devuelve hacia el otro lado.

190. (cont.). Un episodio posterior del mismo poema *Chordigera*[215]

Hervé exhorta a sus compañeros y él mismo se adelanta; en las filas delanteras de un gran ataque se mete valientemente entre los enemigos; a algunos les atraviesa la sien con una jabalina. A éste le atraviesa las costillas con su espada, a aquél le abre las entrañas. (5) A algunos les

---

[215] Se corresponde con los vv. 59-62 de la *Chordigera*.

corta la cabeza con golpes de hacha en el cuello, a otros hiere un flanco, a otros un hombro con su afilada lanza.

190. (cont.). Epigrama de Moro burlándose de los versos anteriores

En cuanto a las afirmaciones de que Hervé hirió las sienes de algunos enemigos con jabalinas, atravesó con su espada las entrañas de éste o las costillas de aquél, cortó la cabeza de algunos, con golpes de hacha en el cuello, hirió los flancos y los hombros de otros, (5) y en cuanto a su bravo rechazo con su escudo de los proyectiles que le dirigía el enemigo y el devolverlos a su origen, todo esto está más allá del alcance del entendimiento: cómo un solo hombre pudo luchar con tantas armas, y eso mientras un brazo soportaba el peso de un escudo. La misma naturaleza inflexible de las cosas contradice esta batalla. (10) Creo que en este pasaje omitiste algo. Pues cuando tú representaste al heroico Hervé luchando al mismo tiempo con cuatro armas y un escudo quizá se te escapó, pero tu lector tendría que haber sido informado por adelantado de que Hervé tenía cinco manos.

191. Otro epigrama sobre lo mismo

Te admiras de que Hervé pudiera llevar un escudo, una espada, una lanza, una jabalina y un hacha y además luchar con ellos. Su mano derecha está armada con el cruel hacha de guerra, su funesta mano izquierda está equipada con la espada. (5) Al mismo tiempo sostiene valientemente (con dientes apretados) en su boca la jabalina y la lanza que sustituye a la jabalina. Y porque los proyectiles más espesos que el granizo vuelan sobre su cabeza, lleva en la cabeza el escudo. Un dragón no tendría una cabeza tan dura ni Celeno[216] tales garras. (10) De modo que el elefante con sus colmillos no podría igualarlo. Y así, un nuevo monstruo corrió contra los enemigos con terrible gesto y terrible brazo.

192. La primera línea de este poema es de de Brie que presenta una profecía sobre sí mismo hecha por Hervé, próximo a morir

De entre los discípulos de Febo, uno digno de respeto, el poeta de Brie, canta las grandes gestas del capitán Hervé. De entre los discípulos de Febo, uno digno de respeto, quema a Hervé, a sus enemigos y a sus compañeros. (5) ¿Cómo sabe entonces este poeta, de entre los discípulos de Febo digno de respeto, lo que dice su poema? La única conclusión es que uno de entre los discípulos de Febo digno de respeto lo oyó desde el trípode de Febo[217].

193. Sobre el mismo plagiador de versos de poetas

Nadie cultiva los antiguos poetas más que tú, ni los lee con más cuidado. Pues no hay uno entre todos los antiguos poetas de cuyas líneas (5) aquí y allí no hayas escogido pequeñas flores y brotes a manos llenas, y recompensas inmediatamente al poeta insertándolo en tus escritos. Y haces feliz al poeta por aquello que tú piensas (10) procla-

---

[216] Se refiere aquí a una de las Harpías que añadieron los romanos (cf. Virgilio, *Eneida* 3,211-217). En la mitología griega, las Harpías eran hermosas mujeres aladas conocidas principalmente por robar constantemente la comida de Fineo antes de que éste pudiera comerla, haciendo cumplir así un castigo impuesto por Zeus. Celeno, considerada la más malvada de todas, era conocida por sus codiciosas garras.

[217] Febo se apoderó del oráculo de Temis y consagró el trípode sagrado donde se sentaba la Sibila, una joven sacerdotisa que transmitía los oráculos que le inspiraba el dios Apolo. Cf. también nota correspondiente al epigrama 71.

ma su origen y brilla entre tus líneas más que las estrellas que brillan en la noche.

Tan gran honor nunca se lo niegas a ningún poeta, amigo de todos; (15) de modo que ninguno de ellos, una vez gloria de una época pasada, llora ahora tu abandono. Por eso, para que los venerados versos de los poetas no caigan en un largo desuso, tú los salvas de las heridas del tiempo (20) y los adornas con nuevo lustre. Esto es dar, con arte, nueva vida a lo que es antiguo: no hay don más feliz que éste. ¡Oh, bendita arte! Y sin embargo, quien quiera que empleando este método artístico diera nueva vida a lo que es antiguo, (25) sin arte alguno (aunque se fatigase mucho por ello) hará antiguo lo nuevo[218].

194. Un comentario jocoso para el cenotafio[219] de Hervé

De acuerdo con tu juicio, de Brie, nuestra época puede igualar a los dos Decios[220] en la única persona de Hervé. Sin embargo se diferencian es esto: los Decios murieron por propia voluntad; Hervé, porque no pudo escaparse.

---

[218] Cf. Plinio, *Naturalis Historia*, praef. 15: *res ardua vetustis novitatem dare, novis auctoritatem, obsoletis nitorem, obscuris lucem, fastiditis gratiam, dubiis fidem, omnibus vero naturam et naturae suae omnia* («es una ardua tarea hacer nuevo lo viejo y dar autoridad a lo que es nuevo; dar brillo a lo deslustrado y luz a lo oscuro; hacer aceptable lo que produce aversión y fiable lo dudoso; dar a todo su modo natural y a cada cosa su naturaleza»).

[219] Tumba vacía o monumento funerario erigido en honor de una persona o grupo de personas para los que se desea guardar un recuerdo especial.

[220] Gayo Mesio Quinto Decio, fue emperador romano entre 249 y 251. En el último año de su reinado, fue co-gobernante con su hijo Herenio Etrusco hasta que ambos resultaron muertos en la batalla de Abrito. Cf. al respecto la obra de Livio 8,6,8-13; 8,9,1-2; 10,28,13-18.

195. Febo se dirige a de Brie

¿Quieres saber lo que pienso de ese grandilocuente librito que cuenta las proezas y la muerte de Hervé, poderoso en las batallas? Pues bien, poeta, consagrado a Febo, escucha estos sacros oráculos pronunciados desde el trípode de Febo[221]. (5) En toda la obra falta una sílaba; sobran miles. La obra está completa, porque ¿qué podría faltar de menos valor? La sílaba a la que aludo se puede quitar de un único «mes» aunque tú no la has quitado, y contiene más de la mitad de «mensis»[222].

196. A Sabino, cuya mujer se quedó embarazada en su ausencia

Te ha nacido un hijo, el sostén de tu existencia, la única esperanza de tu extrema vejez. Corre a casa, Sabino. Corre, tienes que saludar a tu fecunda mujer, ver el amado fruto. Corre a casa, Sabino. (5) Corre, digo, y apresúrate; y aunque te apresures mucho, parecerás muy lento. Corre a casa, Sabino. Ahora tu mujer se está quejando de ti, ahora el niño llora por ti. Corre a casa, Sabino. Eres un tipo ingrato: nunca estás allí, ni en el nacimiento, (10) ni siquiera en la concepción. Corre a casa, Sabino, corre para estar a tiempo, al menos para el bautismo del niño en la fuente sagrada. Corre a casa, Sabino.[223]

---

[221] Cf. nota correspondiente al epigrama 192.

[222] «Más de la mitad de *mensis*», es decir, *mens* («inteligencia»). Hay un único mes latino que contiene las letras de *mens*, y es *Novembris*. El prefacio de libro de de Brie está fechado el 23 de octubre de 1512 (*decimo Kal. Novemb. M. D. XII*).

[223] Sobre el peculiar personaje, cf. epigramas 205 y 220. Las repeticiones recuerdan a Marcial 1,77; 1,109 ó 2,33.

197. A Cándido, que alababa a los hombres honestos aunque él mismo era malo

A menudo alabas a los buenos; nunca, Cándido, los imitas. Dices: «Yo, Cándido, los alabo sin tener envidia, pues quien imita a los buenos también los envidia». ¡Oh, Cándido, más cándido[224] que la leche, más que la nieve!

198. Cuál es la mejor forma de gobierno[225]

Preguntas quién gobierna mejor: un rey o un senado. Ninguno si —como frecuentemente es el caso— ambos son malos. Pero si uno y otro son buenos, pienso que el senado, por el número de sus miembros, es el mejor y que el mayor bien está en numerosos hombres buenos. (5) Quizá es difícil encontrar un grupo de hombres buenos, pero con más frecuencia es fácil que uno solo sea malo. Un senado ocuparía una posición entre el bien y el mal, (10) pero casi nunca tendrás un rey que no sea ni bueno ni malo. Un senado malvado está influido por el consejo de hombres mejores que él, pero un rey es él mismo el gobernante de sus consejeros. Un senador es elegido por el pueblo que va a gobernar; un rey consigue este fin por nacimiento. En este caso rige el ciego azar, en el otro un acuerdo razonable. Uno entiende que fue hecho por el pueblo, el

---

[224] Es claro el juego con el doble sentido de *candidus*. Las comparaciones con la leche o con la nieve son proverbiales y están particularmente presentes, por ejemplo, en Ovidio.

[225] Tópico ya presente en fuentes griegas, como Heródoto (3,81-82), Platón (*República* 8,2-19, 544e-569c; *Política* 302a-303b), Aristóteles (*Política* 3,12,2-4; 1288b-1294b) o Isócrates (*Nicocles* 17-21). Resulta llamativo el parecido del título de este epigrama (*quis optimus reipublicae status*) y el título completo de la propia *Utopía* moreana: *De optimo statu reipublicae deque nova insula Utopia libellus vere aureus*; obviamente, las similitudes están presentes también en el contenido. El epigrama es una respuesta a un interlocutor que pregunta sobre la cuestión de si es preferible una monarquía o una forma de gobierno parlamentaria.

otro entiende que el pueblo fue hecho para él, de modo que tiene súbditos que gobernar. (15) Un rey en su primer año es por supuesto muy suave, pero el cónsul cada año será como un nuevo rey. Después de mucho tiempo un rey codicioso corroerá a su pueblo mientras que si un cónsul es malo hay esperanza de mejora. No me persuade la conocida fábula (20) que recomienda que uno soporte a la mosca bien alimentada no vaya a ser que la hambrienta ocupe su lugar[226]. Se equivoca quien cree que un rey codicioso se satisface; tal sanguijuela nunca deja la carne hasta que está consumida. «Un serio desacuerdo —dices— impide las decisiones de los senadores mientras que nadie contradice a un rey, siendo peor este mal. (25) Porque cuando hay diferencia de opinión en asuntos importantes…». ¿Pero qué te hizo empezar estas indagaciones? ¿Hay en alguna parte un pueblo sobre el que tú, por tu propia decisión, puedas imponer un rey o un senado? Si esto está en tu poder, el rey eres tú; deja de pensar ya a quién le darías poder; (30) la pregunta previa es si eso facilitaría las cosas.

199. Sobre Fusco, el bebedor[227]

El médico dijo a Fusco que beber destruiría sus ojos. Cuando Fusco hubo considerado el asunto, dijo: «Prefiero destruir mis ojos bebiendo que conservarlos para que sean roídos por los indolentes gusanos».

200. A un amigo

Deduzco de lo que escribes que mi carta te llegará tarde, pero no será demasiado tarde para ti. No más tarde que las

---

[226] Esta fábula esópica proviene de Aristóteles (*Retórica* 2,20,6-7, 1393b) y Plutarco (*Moralia* 790d).

[227] Tanto este epigrama como el 201 y el 214, constituyen imitaciones —más elaboradas y dramáticas— de Marcial 6,78; cf. al respecto la interpretación de Doyle (1999).

armas que llegan cuando la guerra se ha acabado, pero que no podían, en el curso de la guerra, servir para nada.

201. Sobre el rey y el campesino

Un campesino criado en el bosque, más tosco que Fauno[228], más tosco que un sátiro[229], llegó a la ciudad. Y he aquí que sus habitantes, estando llena la plaza, habían cogido sitio por aquí y por allí, y por toda la ciudad había un solo grito: «Llega el rey». (5) El campesino se exalta por la insólita novedad del grito y desea ver lo que la multitud estaba mirando tan ansiosamente. De repente el rey avanza, precedido por una gran compañía, vestido de oro, bien a la vista, subido a un enorme caballo. Entonces realmente rugen: «Viva el rey», (10) y con el rostro absorto el pueblo mira a su rey. El campesino grita: «Oh, ¿dónde está el rey? ¿Dónde está el rey?». Y uno le replicó: «Es el que está montado en ese enorme caballo». El campesino dijo: «¿Ése es el rey? Creo que te estás burlando de mí. A mí me parece un hombre disfrazado».

202. Sobre un obispo iletrado a quien se refiere en un epigrama anterior[230] con el nombre de Póstumo

Tú, reverendo padre, exclamas: «la letra mata». Esta única frase —«la letra mata»— la tienes siempre en tu

---

[228] En la mitología romana, una de las divinidades más populares y antiguas —los *di indigetes*—, identificada con el griego Pan debido a la similitud de sus atributos; se le suele representar como mitad hombre y mitad macho cabrío. En las fábulas Fauno aparece como el tercero de los reyes del Lacio, hijo de Pico, nieto de Saturno, y padre de Latino con la ninfa Marica (que también era a veces su madre). Como sus dos predecesores, Fauno había promovido la agricultura y la cría de ganado entre sus súbditos, y también se distinguió como cazador. Sobre el papel de Fauno en la *Eneida*, cf. 7,45 ss.

[229] Cf. nota correspondiente al epigrama 14.

[230] Se refiere al epigrama 178.

boca. Has tenido buen cuidado de que ninguna letra pudiera matarte: no conoces ninguna letra. (5) Y tu temor de que alguna letra mate no es ocioso: sabes que no tienes el Espíritu que te dará vida[231].

203. Sobre el sacerdote que neciamente advirtió a sus parroquianos de un día de ayuno cuando el día ya había pasado

Cuando nuestro sacerdote, como así sucedió, advertía a sus parroquianos del calendario de los santos para la próxima semana, dijo: «La fiesta de san Andrés mártir es una fiesta grande y memorable; sabéis qué amado de Dios fue Andrés; (5) que un austero ayuno mortifique la rebelde carne. Esta es la costumbre, esto lo establecieron los santos padres. Por tanto, os aviso a todos que, en honor de este mártir, se debía haber ayunado ayer»[232].

204. Sobre un hombre que cantaba mal y leía bien

Has cantado tan mal que podrías ser obispo, pero has leído tan bien que no podrías serlo. Que nadie imagine que es suficiente evitar lo uno o lo otro. Si quieres llega a obispo guárdate de las dos cosas.

205. A Sabino

Mira, Sabino, los cuatro niños que tu mujer ha dado a luz en el pasado no se parecen nada a ti. Tú mismo no los consideras tuyos pero, (5) por delante de los cuatro, abrazas al que ella acaba de dar a luz hace poco, el único que se

---

[231] Cf. epigrama 260 y Vulg. *2 Corintios* 3,6: *littera enim occidit, Spiritus autem vivificat* («pues la letra mata, pero el Espíritu da vida»).

[232] En occidente estaba vigente la costumbre de ayunar las vísperas de las fiestas más importantes, como en este caso de san Andrés, que se celebra el 30 de noviembre.

te parece mucho. Les llamas a los cuatro ilegítimos, (10) los mantienes a distancia, no los reconoces. Has nombrado heredero al más joven, como único hijo legítimo; (15) y como una mona lleva a su cría, tú lo llevas en tus brazos por toda la ciudad para que todo el mundo lo bese. Sin embargo, los sabios de peso que dirigen todos sus esfuerzos (20) a descubrir los secretos de la naturaleza —los sabios de peso, digo— nos cuentan que cualquier imagen que domine la mente de la madre cuando el niño es concebido, impone trazos (25) exactos e indelebles de la misma sobre la semilla, secretamente y de modo misterioso; (30) esas marcas penetran profundamente y crecen con el embrión, y así el niño refleja la imagen registrada en la mente de la madre[233]. Cuando tu mujer concibió los cuatro hijos estaba poco preocupada contigo (35) porque tú estabas a mucha distancia. Por eso dio a luz hijos que no se parecían a ti. Pero este hijo solo, de todos los tuyos, se parece a ti porque en su concepción (40) su madre estaba muy preocupada contigo y te tenía por completo en su mente: estaba preocupada porque temía que tú, Sabino, (45) pudieses llegar a la escena en el momento menos oportuno; como el lobo en la fábula[234].

206. Una historia divertida sobre un príncipe y un campesino de Zeeland[235]

Cuando mirando al agua un príncipe se sentó en un puente, sus nobles permanecían a su alrededor de pie en su presencia. Un campesino se sentó también, pero no cerca,

---

[233] Cf. Plinio, *Naturalis Historia* 7,12,52.

[234] Es decir, como cuando llega a una reunión quien es tema de conversación.

[235] Una de las doce provincias que conforman el Reino de los Países Bajos, al suroeste, en el delta entre los ríos Schelde y Meuse. Los holandeses eran conocidos por su estrechez de mente.

130

y creyó que era educado por la distancia que mantenía. (5) Cierto cortesano le mandó levantar y le dijo: «Campesino, ¿te atreves a sentarte en el mismo puente que el príncipe? ¿No te da vergüenza?». El campesino contestó: «¿Está mal sentarse en el mismo puente? ¿Y si el puente tuviera diez millas de largo?».

207. Una historia divertida sobre un cortesano

Un cortesano, al desmontar su caballo, dijo a uno de los que estaban allí: «Tú, quien seas, sujeta este caballo». El que estaba allí, asustado, dijo: «Señor, dime, ¿basta un hombre para sujetar este caballo salvaje?». El cortesano dijo: (5) «Un solo hombre puede sujetarlo». El que estaba allí replicó: «Si un solo hombre puede, entonces puedes sujetarlo tú mismo».

208. A un soldado que escapó con un anillo en el dedo

Soldado, ¿por qué ese anillo de oro adorna tus manos cuando sería más propio que adornara tus pies? En esa fiera batalla[236] reciente cualquiera de tus pies fue más útil y tuvo más éxito que tus dos manos[237].

209. Contra el poeta de Brie

De Brie, hay tal enigma en tu libro que podría ser propuesto a la Esfinge[238] o a Edipo[239]. Tienes toda la palabra

---

[236] Se prefiere traducir aquí *Mars* por su correspondiente denotación común.

[237] Se ha propuesto que este pensamiento constituya un eco de lo que recoge Plutarco en sus *Vidas paralelas* (Catón) 9,4: «no le servía de nada un soldado que se sirviera de sus manos en la marcha y de sus pies en el combate».

[238] La Esfinge era un monstruo que se representaba con rostro de mujer, cuerpo de león y alas de ave, y que atormentaba el reino de Tebas dando muerte a todo aquel que no pudiera adivinar sus enigmas (cf. nota siguiente).

[239] Al llegar a Tebas Edipo —hijo de Layo y Yocasta—, la Esfinge le plantea la cuestión de cuál era el ser vivo que caminaba a cuatro patas al

Chordigera una y otra vez, pero en ninguna parte de todo el libro tienes la primera sílaba de *Cordigera*[240].

210. A Tusco el bebedor[241]

«Estás echando a perder tus ojos con el vino», dijo el médico a Tusco. Así, Tusco sopesa qué camino seguir. Y se dice: «El cielo, la tierra, el mar, todo lo que la gente suele ver lo he visto una y otra vez. (5) Pero me quedan muchos vinos por probar cuando el año nuevo trae sus muchas nuevas cosechas». Ya decidido y seguro, dice: «Adiós, ojos, porque he visto bastante, pero hasta ahora no he bebido lo suficiente».

211. A Arno el perjuro

Arno, has estado haciendo juramentos mucho tiempo. Has llegado finalmente a tal punto que de aquí en adelante no necesitas jurar. Ahora ya, consumado perjuro, en todas partes no se cree más lo que dices que lo que juras.

212. Al mismo

Siempre estás jurando, Arno, y amenazando a todo el mundo. ¿Quieres saber qué ventaja sacas de esa conducta?

----

alba, con dos al mediodía y con tres al atardecer; Edipo, que sería hecho rey de Tebas, respondió correctamente que es el hombre, quien gatea cuando nace y se apoya en un bastón cuando es viejo. La tradición más difundida relata que al lograr resolver Edipo el enigma propuesto por la Esfinge, ésta se arrojó desde la roca en la que estaba y murió.

[240] Esto es, *cor* («corazón»): Moro no se refiere tanto a la falta de sentimiento —muy presente en la *Chordigera*—, como a la escasez de inteligencia y sagacidad.

[241] Cf. nota al epigrama 199.

Juras tanto que ahora, al final, nadie te cree. Amenazas tanto que nadie se asusta de tus amenazas.

213. Al mismo Arno

Hasta ahora nadie se sirve mejor de sus pies que Arno, pero hace algún tiempo perdió el uso de sus manos por el frío. Sin embargo, quiere luchar. Supongo que sabes qué puede lograr un hombre en una pelea si sus pies son rápidos y es manco. (5) Pero si la lengua de tu hombre es desvergonzada y su mano inválida, entonces su lengua desvergonzada tendría que ser cortada por una mano no inválida.

214. Sobre Marulo

Teodoro, el médico advirtió a Marulo, de ojos nublados, que no bebiese vino, a menos que quisiera quedarse ciego. Para obedecer al médico (aunque de mala gana), durante dos días enteros, fíjate, soportó pasar sin él. (5) Después le entró la sed al recordar el vino acostumbrado y salió corriendo a la calle a pesar de la verdad de la advertencia del médico. Había llegado hasta el vino cuando tristemente se dirigió a sus ojos, destinados a perecer, ahora que tenía delante el vino: «Aquí termina mi viaje; aquí me habéis conducido vosotros, mis fieles ojos. (10) Ahora bebed, y, dulces guías, adiós». El sabor y el olor permanecen, mira embobado el color que se desvanece, mientras su vista se nubla hasta la total oscuridad. A pesar de ello, mitiga su infortunio con el consuelo de que había perdido la cualidad menos importante del vino.

215. Sobre un caballero cobarde

Risco, un caballero prudente, diestro por larga experiencia, mantiene caballos de distintas clases y no sin razón. Porque cría dos, uno más rápido que un pájaro, el otro más lento que un asno lento. (5) Y así esta última montura le lleva sin prisa a la batalla; la primera, antes de que suene la trompeta, lo trae de vuelta.

216. A Gelia

Gelia querida, miente el que dice que eres morena; para mí no eres morena, eres negra.

217. A la misma Gelia

«Soy toda candor», dices. Lo admito, pero si eres toda candor, ¿cómo este candor está recubierto de una piel tan oscura?

218. A Euparifo[242], que hipotecó su granja para comprar ropa

No me extraña que sudes bajo el peso de tu ropa; esta vestidura contiene cuatro yugadas de tierra. Ni siquiera un hombre en su tumba tiene un montículo de tierra tan grande sobre él como el que te has echado encima, donde quiera que estés, mientras estás vivo.

219. Sobre Garemano, pobre después de vender sus tierras

Recientemente Garemano vendió su ancestral propiedad; ahora, de repente, corre el rumor de que vive en la pobreza. No es que le falte habilidad o esfuerzo, más bien creo que un hado hostil le está jugando una mala pasada: (5) agudamente había cambiado él su estéril tierra por amarillo oro, y aún así nunca le saca beneficio.

---

[242] Etimológicamente, el nombre significa «persona que lleva un traje espléndidamente bordado de púrpura»; se corresponde con el *praetextatus* latino.

220. A Sabino[243]

Dos esposas se te han muerto, te has casado con la tercera, y de las tres ninguna te ha sido fiel. De ahí, Sabino, que en tu corazón furioso condenes vilmente no sólo a tus propias esposas sino injustamente a todo el sexo femenino. (5) Pero si quieres pesar este problema en la balanza de la justicia serás menos severo incluso con tus propias mujeres. Puesto que las tres te trataron de la misma manera debe ser que las estrellas en tu nacimiento te impusieron este destino. Si tu estrella te impone que seas para siempre cornudo[244], (10) ¿acaso esperas que tu mujer pueda controlar las estrellas? Ella habría sido fiel a cualquier otro hombre. Que contigo sea adúltera lo atribuye con razón a tu destino.

221. A un náufrago al que le mordió una serpiente cuando llegó a la orilla. Del griego[245]

Un náufrago escapó de las enfurecidas aguas del mar. Las arenas de África le ofrecieron un suelo más cruel que el mar. He aquí que mientras está tumbado en la orilla, profundamente dormido, desnudo, agotado, lejos del mar hostil, (5) una ponzoñosa serpiente lo mató. En vano huyes de los mares, en vano. ¡Ay, desgraciado!, en tierra te esperaba el destino asignado.

222. Sobre un médico y una vieja[246]

Un médico aplicó ungüento a los ojos enfermos de una vieja; los vendó y le aseguró que cinco días de ese tratamiento

---

[243] Cf. epigramas 196 y 205.

[244] La palabra empleada, *cucullum*, tiene en latín medieval este significado; cf. nota correspondiente del epigrama 253.

[245] Cf. *AP* VII, 290.

[246] Sobre los antecedentes esópicos de este epigrama, cf. Doyle (1975).

serían eficaces. Mientras, le roba las servilletas, los barreños, las palanganas, las fuentes y todo lo que no estaba protegido por su propio peso[247]. (5) Cuando, curada, mira alrededor sin el vendaje, se da cuenta de que falta el menaje de su casa. Así, al pedírsele que pagara, dijo: «El acuerdo entre nosotros requería que mi vista se mejorara con tu esfuerzo, pero veo ahora menos que antes, por lo menos de los utensilios de mi casa. (5) Antes veía muchos, ahora no veo ninguno».

223. A alguien

Si tuvieras los pies tan ligeros como tienes la cabeza, podrías correr más rápido que una liebre en campo abierto.

224. Sobre Herodes y Herodías[248]

Mientras la hija de Herodías baila ante Herodes y le complace de un modo que debería haberle disgustado, el rey, ebrio de pasión por la mujer, ebrio por su exceso de buena fortuna y ebrio además de vino, dice: (5) «Manifiesta tu deseo, muchacha; será tuyo; lo juro, incluso si quieres pedir la mitad de mi reino». La perversa muchacha, por consejo de su malvada madre responde: «Pues dame, por favor, la cabeza del Bautista». «Pides un don, doncella, (si una bailarina como tú es doncella), (10) pides un don que a duras penas soportarías mirar». ¡Oh, funesta madre, oh cruel madrastra para tu propia hija, a la que enseñas a bailar y a cortar la garganta de los hombres! El rey se arrepiente de su promesa y de mala gana cede, obligado sin duda por la fidelidad a su juramento. (15) ¡Oh, rey fiel!, pero fiel sólo cuando la misma lealtad es un crimen peor que la perfidia.

---

[247] Era conocido el dicho proverbial de robar cualquier cosa que no fuera «demasiado pesada o demasiado caliente».
[248] Cf. Vulg. *Marcos* 6,17-27.

225. A cierto borracho

Porque no me di mucha prisa para conversar contigo me echas en cara mi tardanza y te quejas. En verdad, lo confieso, no me encontré contigo a la hora apropiada; debería haber escogido una hora más tarde o más temprano. (5) Ojalá hubiese llegado o temprano el mismo día o temprano el siguiente. Ahora hemos empezado a hacer negocio cuando el día está demasiado avanzado y porque estás borracho, se ha quedado en nada.

226. Sobre una pintura del banquete de Herodes

El banquete de Herodes se manchó con sangre de hombre; también se manchó la mesa de Flaminio[249]. Homicidios tan parecidos los provocaron jóvenes parecidas: una bailarina consigue uno; una prostituta el otro. (5) Pero hubo una diferencia: a la prostituta se le paga con la vida de un criminal; a la bailarina, con la vida de un inocente.

227. Sobre la misma pintura

La mesa del rey tiene la cabeza cortada y la cara del santo que gotea sangre horriblemente. Del mismo modo, el rey Odrisio, sirvió como comida a su propio hermano, el rey Tiestes, los cuerpos de sus dos hijos[250]. (5) Del mismo modo,

---

[249] Cf. Cicerón, *De senectute* 12,42: en el curso de un banquete, Lucio Quintio Flaminio, cónsul en el 192 a.C., cumplió con la petición de una prostituta de ejecutar con un hacha a un criminal convicto de la pena capital.

[250] Tiestes —hijo de Pélope e Hipodamía— fue desterrado de Olimpia junto con su hermano Atreo, por matar a Crisipo, su hermanastro. Tiestes y Atreo tuvieron el trono de Micenas, pero Tiestes Sedujo a Aérope, la mujer de Atreo, quien, para vengarse, mató a los hijos que su hermano había tenido con una concubina y los sirvió como comida, enseñándole después los brazos y las cabezas. La leyenda ha sido utilizada y complicada por los poetas; cf., *v.gr.*, Séneca, *Thyestes* 691-1006.

al rey tracio[251] su reina, hermana leal pero madre traidora, sirvió a su hijo asesinado Itys. Tales delicias adornan las mesas de los reyes. Créeme: esto no es la comida del pobre.

228. A un hombre con una nariz extremadamente larga. Del griego[252]

Si tu nariz apuntase hacia el sol con la boca abierta podrías mostrar la hora del día con los dientes.

229. A un hombre embellecido. Del griego[253]

¿Por qué compras colorete, pelo, dientes, miel y cera, cuando por menos precio podrías comprarte una máscara completa?

230. A un actor. Del griego[254]

Tu representación[255] en todos los aspectos menos uno estuvo en armonía con la historia; pero en uno, y es uno importante, fue contrario a la historia. Mientras representabas la parte de Níobe[256], estabas de pie como si fueras de

---

[251] Alude a Tereo, rey de los tracios (*odrysii*). Éste violentó a Filomela, hermana de su mujer Procne; ambas mujeres decidieron vengarse ofreciendo como comida a Tereo las carne de Itis, hijo de Procne y Tereo. Cf. Ovidio, *Metamorphoses* 6,620-660.

[252] Cf. *AP* XI, 418.

[253] Cf. Marcial 12,23.

[254] Cf. *AP* XI, 254.

[255] El término latino (*saltatum*) hace referencia más concretamente al conjunto de mímica del histrión; se prefiere traducir aquí de forma amplia por «representación» este concepto para facilitar la claridad; se hace también así en el epigrama siguiente.

[256] El nombre de Níobe designa a dos heroínas confundidas por las tradiciones; la referencia parece hacerse aquí a la hija de Tántalo y esposa de Anfión, rey de Tebas: cf. nota correspondiente al epigrama 17.

piedra. Cuando eras Capaneo[257] caíste de repente. (5) Pero cuando representaste a Cánace con la espada y saliste vivo, eso fue una representación contraria a la historia[258].

231. A un actor. Del griego[259]

Menfis representó la parte de Níobe y de Dafne[260]; a Dafne como si él fuese de madera y a Níobe como si fuese de piedra.

232. Que los hombres sobrios son muy hoscos. Del griego[261]

Por la tarde cuando bebemos somos seres humanos y amables, pero por la mañana, un hombre que se levanta con sed es una bestia salvaje para sus congéneres.

233. A Andrés, que vomitaba en el mar

Eres una persona agradecida y merecedora de bien, Andrés, porque pagas a los peces, que a menudo te han servido de alimento, alimentándolos.

234. Sobre el mismo Andrés

Te has comido los peces que pertenecen al mar: el mar está enfadado y con justicia reclama su progenie de tu boca.

---

[257] Hijo de Hipónoo y esposo de Evadne, fue uno de los príncipes griegos que participó en la expedición contra Tebas. De enorme estatura, se lanzó en el primer asalto de la ciudad decidido a incendiarla.

[258] Hija de Eolo y Enareta y amante de Poseidón. Con Poseidón, fue la madre de Aloeo, Epopeo, Hopleo, Nireo y Tríope. Se enamoró de su hermano Macareo y tuvo con él una hija, Anfisa, pues desconocían que el incesto era un tabú para los mortales. Cuando su padre descubrió el incesto quiso echar a su nieta a los perros, y envió a Cánace una espada con la que se suicidó: cf. Ovidio, *Heroidas* 11.

[259] Cf. *AP* XI, 255.

[260] Cf. nota correspondiente al epigrama 62.

[261] Cf. *AP* XI, 46.

235. A una muchacha que cabalgaba a horcajadas

Bueno, muchacha, ¿quién niega que eres capaz de tomar marido cuando tus piernas pueden abrirse sobre un caballo tan grande?

236. A un francés que se apropiaba la poesía de los antiguos

Oh francés, la misma perspicacia e incluso la misma inspiración que tenían los antiguos poetas ahora te pertenecen a ti. Porque los poemas que escribieron, y frecuentemente también los versos, son los mismos que tú escribes, oh francés.

237. Sobre un gracioso pobre

Cuando un gracioso vio a unos ladrones rebuscando por toda su casa con gran cuidado en la oscuridad de la noche, se rió y dijo: «me pregunto qué veis aquí, en mitad de la noche: yo no veo nada a pleno día».

238. Sobre la angustiosa vida de los gobernantes

El poder inmenso siempre trae penosas preocupaciones, tormentos con miedos siempre presentes. Tal persona no se atreve a salir a menos que esté rodeado de una gran guardia armada, no come alimentos que no se hayan probado antes. (5) Ciertamente estas precauciones sirven de ayuda para la seguridad, pero muestran que un hombre no está seguro si no puede estar seguro sin ellas. Así, una escolta desvela qué miedo se tiene a la espada. Un catador manifiesta cuánto se teme el veneno. Y ¿qué lugar hay sin miedo en esta vida, donde incluso (10) el mismo modo de repeler la amenaza engendra el miedo?

239. A un hijastro aplastado por la caída de la estatua de su madrastra. Del griego[262]

Pones, hijastro, coronas de flores en la columna fúnebre de tu madrastra, pensando que con su muerte su malicioso comportamiento había llegado al final. Pero de repente la columna se tambalea y te aplasta. Hijastro, si eres sabio, huye incluso de la misma tumba.

240. A cierto poeta que escribía improvisando

¿Por qué nos informas de que escribiste estos versos de repente? Pues tu libro, aun sin una explicación tuya, ya nos lo dice.

241. Sobre madrastras. Del griego[263]

Incluso una madrastra cariñosa es una desgracia para su hijastro. Puede mostrarlo Fedra, ruina para Hipólito[264].

242. A uno que dijo que a sus poemas no les faltaba inspiración

Un agudo epigrama de un poeta español contiene este pensamiento: «para vivir, un libro debe tener Inspiración»[265]. Habiendo leído este verso, resolviste escribir poesía con toda tu inteligencia pero resulta sin inteligencia. (5) No cuidas ni el asunto ni el estilo de tu poesía: tal es tu confianza de que cualquier cosa va a vivir por su propia Inspiración. Porque no dudas, oh, hombre tan inspirado, que al momento alguna

---

[262] Cf. *AP* IX, 67.
[263] Cf. *AP* IX, 68 ó 69.
[264] Cf. nota al epigrama 123.
[265] Marcial 6,61,10: *victurus genium debet habere liber.*

Inspiración de un lugar u otro se asentará en tu Musa[266]. En vez de eso, deberías esperar que este libro tuyo pueda no tener (y no tendrá) Inspiración, (10) puesto que no tiene un talento genuino. Si algún genio pudiese prolongar la vida de este libro será uno de esos malos genios que te rodean por miles. Pero incluso así, tu libro no vivirá si te atienes a la palabra del mismo poeta; pues la vida no es simplemente vivir sino gozar de buena salud. (15) Y si, para un libro, vivir es languidecer en una infamia sin término, entonces que se te conceda también a ti vivir en muerte eterna.

243. Sobre el ansia de poder

Entre muchos reyes apenas habrá uno, si hay realmente uno, que esté satisfecho con tener un reino. Pero entre muchos reyes apenas habrá uno, si hay realmente uno, que gobierne bien un solo reino.

244. Sobre la derrota de Tournai[267], a Enrique VIII, rey de Inglaterra

El belicoso César te derrotó, Tournai, hasta entonces invicta, pero no sin desastre en ambos lados. Enrique, un rey poderoso y mejor que el gran César, te ha tomado sin derramamiento de sangre. (5) El rey se dio cuenta de que había

---

[266] Moro utiliza *Camenae*: antiguas ninfas itálicas de las fuentes, y adivinas, que luego fueron identificadas con las musas griegas. En Roma tenían dedicado un bosque sagrado, frente a la *Porta Capena,* y las vestales acudían allí a diario en busca de agua. Cf. Livio Andronico, *Odyssia* fr. 1.

[267] Moro habla de *Nervia*, que es el nombre de Nives, pequeña localidad de Luxemburgo. Se alude a la sangrienta victoria conseguida por Julio César sobre los nervios (cf. César, *Bellum Gallicum* 2,15-18); en contraste con ella, la victoria de Enrique VIII —el 21 de septiembre de 1513— puede ponerse como modelo de victoria sin derramamiento de sangre: muchos habitantes de Tournai abandonaron la ciudad en el momento de la conquista.

conquistado honor al tomarte y tú misma te diste cuenta de que ser tomada no era menos ventajoso para ti.

245. Sobre Fabula y Atalo[268]

Recientemente, cuando Fabula se enfadó con Atalo por no sé qué motivo y quería irritarle y mostrar cómo se burlaba de él le juró que si tuviese cien partes que son propias de mujer, (5) de esas cien no se dignaría a ofrecerle a Atalo ni tan siquiera una. «¿No?», dijo él. «¿Qué demonio es esta nueva austeridad, esta nueva tacañería? Ciertamente solías ser más generosa. ¿Serás tan avara como para no poner a mi disposición al menos una entre cien? (10) Pero durante algún tiempo, cuando tenías sólo una, solías ofrecer de buena gana esa una a cien hombres cien veces. ¡Ay! Temo que (15) esta inaudita continencia, después de tanto tiempo, te anuncie grandes males».

246. Sobre un paciente febril y un médico bebedor

Cuando un siervo mío sufría de una fiebre semiterciana[269], se me ocurrió entonces recabar los servicios de un médico sarmacio[270]. Una vez que hubo aplicado su pulgar y notado su pulso agitado, dijo: «Su temperatura es alta, pero bajará». (5) Pidió una copa y la apuró hasta la última gota, como ni

---

[268] Marcial (1,64; 8,79) atribuye el nombre de Fabula a una mujer vanidosa que lleva maquillaje y peluca (2,41; 6,12) y que rehúsa a su amado (4,81). El mismo poeta aplica Atalo a un hombre mezquino e intrigante (1,79; 4,34).

[269] La fiebre semiterciana volvía al enfermo cada tres días, era duradera y tendía a ir creciendo; era considerada más peligrosa que una fiebre terciana ordinaria: cf. Celso, *De medicina* 3,3,2.

[270] Territorio que actualmente corresponde a parte de Ucrania, Polonia y Rusia. Ovidio (*Tristia* 3,3,3-12) estuvo exiliado entre los sármatas y se lamentaba de no recibir los cuidados médicos adecuados cuando caía enfermo.

siquiera Bitias[271] lo habría hecho. Después de beber le dio al paciente una dosis similar y para que no pareciera que hacía esto de forma imprudente, dijo: «La fiebre de este hombre es muy alta; por tanto, es necesario que beba abundantemente. (10) Un gran fuego no se apaga con poco líquido».

247. Sobre Héspero[272] en confesión

Mientras Héspero purgaba sus pecados confesándolos a un sacerdote de acuerdo con la costumbre sagrada, el sacerdote, probando la conciencia de Héspero, buscaba con cuidado cada clase de pecado (5) y entre muchas cosas, pregunta a Héspero si alguna vez, al modo pagano, había creído en espíritus malignos. «¿Cómo? ¿Creer yo en espíritus malignos?», dijo él; «¡pero si con mucho esfuerzo a duras penas creo en Dios!».

248. Sobre el dios Oportunidad. Del griego[273]

— «¿De dónde venía este escultor?»
— «De Sición[274]».
— «¿Pero quién era? Dime».
— «Lisipo[275]».

---

[271] Cf. Virgilio, *Eneida* 1-788-739: Bitias bebe una crátera de vino en el transcurso de un banquete.

[272] Conocido como Eósforo (*Lucifer*), Héspero o Fósforo, personifica la estrella vespertina, el astro bienhechor que trae el descanso de la Noche. Fue quien primero ascendió al monte Atlas para observar las estrellas.

[273] Cf. *AP* XVI, 275.

[274] Antigua ciudad de Grecia situada al norte del Peloponeso, entre Corinto y Acaya.

[275] Escultor griego (370-ca. 318 a.C.). Lisipo, Escopas y Praxíteles están considerados los tres grandes escultores de la segunda fase del clasicismo (siglo IV a.C.), época de transición entre la era griega clásica y el helenismo.

— «¿Quién eres tú?»
— «Soy Oportunidad, que somete todas las cosas».
— «¿Por qué estás de puntillas?»
— «Siempre estoy dando vueltas».
— «¿Por qué tienes alas en los pies?»
— «Me muevo como una brisa pasajera».
— (5) «Bueno, ¿por qué tu mano derecha está armada con una cuchilla afilada?»
— «Es el símbolo de que ningún filo aguzado se puede comparar conmigo».
— «¿Por qué te cae sobre la frente el cabello?»
— «Porque quien intente cogerme debe pasar por delante de mí».
— «¿Por qué tienes la nuca calva?»
— «Porque una vez que huyo rápidamente con mis alas, (10) quien detrás de mí quiera traerme de vuelta no tendrá ningún éxito. Así, la diestra mano del escultor, me ha presentado de tal forma que te permita aprender una lección».

249. Sobre Fylis y Prisco, que se amaron con fervor desigual

La boda de la hermosa Fylis y del ardoroso Prisco es tan feliz como la mezcla de vino espumoso y agua cristalina. El amor de Prisco por Fylis es más ardoroso que el fuego ardiente, el de Fylis por Prisco más frío que el agua helada. (5) Su unión estará a salvo porque si ella también se encendiera con él, ¿podría una sola casa soportar dos llamas a la vez?

250. Sobre unas monedas antiguas conservadas en casa de Jerónimo Busleyden[276]

Lo que Roma hace mucho tiempo debía a sus dirigentes, todos aquellos dirigentes, Busleyden, te lo deben a ti. Roma se salvó por sus dirigentes; tú conservas los dirigentes de Roma ahora que Roma está muerta, (5) pues con dedicación a la antigüedad buscas y coleccionas las antiguas monedas que presentan los rostros[277] de los emperadores o de hombres ilustres en tiempos imperiales o antes; y esas monedas las consideras tu única riqueza. Ahora, cuando el polvo espeso oculta sus arcos triunfales, (10) tú conservas los nombres y los rostros de los triunfadores. Las pirámides no son monumentos tan insignes para sus nobles muertos como es ahora, Busleyden, tu caja de monedas.

251. Otro a Busleyden

¿Por qué, mi querido Busleyden, todavía guardas encerrada tu gentil Musa[278] en tu caja de escritura?[279] ¿Por qué la guardas en la oscuridad cuando ella merece la luz? ¿Por qué le niegas este favor? ¿Por qué la niegas a la humanidad? (5) Tu Musa debería ser conocida en todo el mundo.

---

[276] Humanista y mecenas (ca. 1470-1517) del sur de los Países Bajos, amigo de Erasmo y de Moro. Busleyden dejó en herencia a su nieto Francis quince monedas de oro y doscientas de plata, pero al morir el nieto antes que su tío, las monedas pasaron a su madre. A su vez, Moro poseía una colección de monedas (cf. epigrama 265); en julio de 1520, Moro dio dos monedas antiguas a Francis Cranevelt.

[277] Moro poseía un sello realizado a imitación de una moneda antigua; en él aparecía la cabeza del emperador Tito.

[278] Cf. nota al epigrama 242 sobre *Musa - Camena*.

[279] Busleyden tenía muy poca seguridad sobre la calidad de su propia poesía, que no fue publicada hasta 1950.

¿Por qué la alejas de esta gloria? El mundo entero debería disfrutar sus deliciosos frutos. ¿Por qué tú solo te opones a todos? (10) ¿Te parece que el casto grupo de vírgenes debería mantenerse lejos del trato con hombres?[280]. Esto, te lo concedo, es para las vírgenes una fuente de ansiedad, pero sólo para aquellas que pueden ser privadas de su virginidad. Publica sin temor tu Musa, tiene una pureza invencible, que ni es ruda ni ignorante. (15) Tan seguro como que tu encantadora Musa no será inferior a la misma Diana[281] en pureza impoluta, igual de seguro no será inferior a la misma Minerva[282] en gusto, en ingenio, en belleza.

252. A Busleyden, por su espléndida casa de Malinas[283]

Al contemplar recientemente con ojos fascinados la elegante decoración de tu casa, Busleyden, me quedé estupefacto. ¿Con qué encantamiento has hechizado a los hados para hacer volver a tantos antiguos artistas? (5) Porque creo que sólo las manos de Dédalo[284] podrían haber construi-

---

[280] La poesía de Busleyden no contiene poemas amatorios; se trata de una serie de poemas dirigidos a amigos, epitafios, poemas morales y religiosos, y poemas domésticos.

[281] Diana, en la mitología romana, fue originalmente una diosa de la caza, relacionada con los animales y las tierras salvajes. Más tarde, probablemente por su identificación con la diosa griega Ártemis, pasó a ser una diosa de la luna, suplantando a Luna y siendo también un emblema de la castidad.

[282] En la mitología romana Minerva es la diosa de la sabiduría, las artes, las técnicas de la guerra, además de la protectora de Roma y la patrona de los artesanos. Se corresponde con Atenea en la mitología griega.

[283] Malinas (en neerlandés *Mechelen*) es una ciudad del distrito del mismo nombre de la provincia de Amberes, en la región de Flandes (Bélgica); Moro estuvo allí aprovechando la interrupción de las conversaciones diplomáticas y comerciales con los Países Bajos que llevó a cabo en 1515.

[284] En la mitología griega, arquitecto y artesano muy hábil, famoso por haber construido el laberinto de Creta (cf. Ovidio, *Metamorphoses* 8,159-161). Dédalo tuvo dos hijos: Ícaro y Yápige.

do esa famosa casa tuya con sus pasillos ingeniosamente sinuosos. Sus cuadros parecen haber sido pintado por Apeles[285]. Uno podría pensar que las esculturas son obra de Mirón[286]. Cuando veo las obras modeladas en arcilla, creo que son producto del arte de Lisipo[287]. (10) Cuando veo las estatuas pienso en el maestro Praxíteles[288]. Cada obra de arte está identificada por dísticos[289], pero dísticos tales que Marón[290], si no los hubiera escrito, habría deseado haberlo hecho. Solamente negaría que el órgano, que imita tan variada escala de voces con sus tubos, han sido capaces de hacerlo los antiguos. (15) Y así, toda tu casa es o una obra noble de la antigüedad o una obra moderna tal que sobrepasa a la antigüedad. Pero ojalá que esta casa que ahora es nueva, envejezca tarde y lentamente, e incluso entonces vea a su maestro todavía no anciano.

---

[285] Cf. nota correspondiente al epigrama 97.

[286] El gran escultor y broncista de mediados del siglo V a.C. y uno de los más conocidos autores del arte griego, cuyas aportaciones escultóricas supusieron la transición al periodo clásico. Parece que Mirón había trabajado tanto el bronce como el mármol.

[287] Cf. nota correspondiente al epigrama 248. Lisipo fue más famoso por sus trabajos en bronce (cf. Plinio, *Naturalis Historia* 7,37,125 y 34,17,37). Plinio aclara que el término griego *plastice* se refiere al tratamiento en arcilla, previo al trabajo en bronce (*Naturalis Historia* 35,45,156).

[288] El más renombrado escultor clásico ático del siglo IV a.C. y uno de los más originales. Aunque Praxíteles hizo algunos trabajos en bronce, es mucho más famoso por sus estatuas de mármol (cf. Plinio, *Naturalis Historia* 34,19,69).

[289] Cf. nota correspondiente al epigrama 161.

[290] Publio Virgilio Marón.

253. Sobre el matrimonio infiel de Filomeno[291] y Agna[292]

Mirad: en nuestro tiempo reaparecen tales milagros de Venus como creo que no sucedieron ni siquiera en los tiempos antiguos. Filomeno, flor de los jóvenes, y Agna, flor de las muchachas, se unieron formalmente por el favor de la diosa de Pafos[293]. (5) Pero él, ay, se vanagloria de su voz incomparable y ella está orgullosa de las alabanzas por su carácter tranquilo. Y así, su matrimonio, por el que habían suplicado tan a menudo, lo atribuyeron no a Venus sino a ellos mismos. A causa de su ingratitud, la diosa cambia su aspecto, y para que no se unieran después del cambio, (10) los convirtió en especies incompatibles. De pronto, Filomeno se convirtió en el pájaro que canta cada verano, el cuco, y Agna se convirtió en una loba insaciable[294].

254. Remedios para acabar con el mal aliento proveniente de algunos alimentos

Para que el puerro partido no desprenda olores repugnantes, sigue mi consejo y come una cebolla inmediatamente después del puerro. Y si de nuevo quieres librarte

---

[291] *Philomenus* proviene de *Philomena*, el nombre medieval de *Philomela*, «amante de canciones»; no obstante, *Philomenus* sugiere también el significado de «amante de la cólera», persona que tendría una disposición poco inclinada a estar satisfecha con *Agna*.

[292] Proveniente de *agnus*, «cordera», el nombre sugiere una disposición dócil.

[293] Ciudad que en la antigüedad era considerado como el lugar de nacimiento de Afrodita.

[294] Se utilizan las palabras *cuculus* y *lupa*; Plauto (p.e., *Asinaria* 923) emplea *cuculus* con el significado de «adúltero», pero en el tiempo de Moro, el significado es también el de «cornudo»: ambos sentidos son aplicables a Filomeno. Por su parte, *lupa* no designa sólo el femenino de «lobo», sino también «prostituta» (cf., p.e., Plauto, *Truculentus* 657).

del mal olor de la cebolla, masticar ajos fácilmente te lo conseguirá. (5) Pero si tu aliento todavía es ofensivo incluso después de los ajos, o nada o sólo la mierda puede quitarlo.

255. Al lector del Nuevo Testamento traducido por Erasmo de Rotterdam[295]

Una obra santa, un logro inmortal del docto Erasmo sale a la luz; y qué grandes son las ventajas que trae a los hombres. Pues la nueva Ley fue dañada por el antiguo traductor y después viciada por la mano discordante de los copistas. (5) Hace tiempo que Jerónimo[296] podría haber quitado los errores, pero sus lecturas, aun siendo excelentes, se perdieron por continua negligencia. Por eso toda la obra, limpia de corruptelas, se ha traducido de nuevo. Y la nueva Ley de Cristo brilla con nuevo esplendor. Erasmo no ha discutido ostentosamente el texto palabra por palabra; (10) ha considerado inviolable lo que es por lo menos pasable. Y así es que, si alguien se desliza por esta versión con vuelo rápido, quizá pensaría que no se ha hecho nada importante; pero si vuelve cuidadosamente sobre sus pasos decidirá que ningún trabajo puede ser más grande y útil.

---

[295] La obra de Erasmo *Novum Instrumentum* (Basilea, 1516), contenía el texto griego de Nuevo Testamento, una traducción latina y un comentario; el poema de Moro se refiere propiamente a la traducción latina, que hacía el texto mucho más accesible al público y más útil.

[296] Alusión a San Jerónimo de Estridón (ca. 340 - 420), traductor de la Biblia del griego y el hebreo al latín, en la versión Vulgata.

256. Al reverendísimo, etc. Tomás[297], cardenal y arzobispo de York, sobre el Nuevo Testamento que le fue regalado por Erasmo

Incomparable padre y patrón de hombres doctos, tú, de cuyas palabras está pendiente el coro de las Piérides[298], tú, que por el amor y la reverencia que te tributa el pueblo[299], recibes un homenaje que está por debajo de tus virtudes: (5) este libro te ha venido de lejos, de tu amigo Erasmo. Recíbelo, te lo suplico, con el mismo espíritu que él te lo envió. Y no tengo ninguna duda de que lo harás así, porque el autor ganará justamente el favor por su obra, y la obra por su autor. Erasmo ha estado siempre entre tus admiradores, la obra misma es (10) la ley de Cristo que ha sido siempre tu preocupación. Por esa ley se te da la prudencia y la autoridad que te capacitan para administrar justicia, incluso delante de Momo[300]. Pues cuando discutes litigios intrincados, para el asombro de la gente corriente, tú resuelves todo tan bien que incluso el que pierde no puede quejarse. (15) No es la sola habilidad humana la que te capacita para hacerlo así, sino la ley de Cristo, el único criterio para tus juicios. Por lo tanto, dignísimo prelado, acepta este libro con disposición benigna y continúa en el futuro apreciando al autor como haces ahora.

---

[297] Thomas Wolsey, obispo de Lincoln en 1514, y cardenal y lord canciller en el otoño de 1515.

[298] Cf. notas al epigrama 15.

[299] Moro piensa probablemente en las complejas ceremonias del nombramiento del cardenal en noviembre de 1515.

[300] En la mitología griega, la personificación del sarcasmo, las burlas y la agudeza irónica. Era el dios de los escritores y poetas, un espíritu de inculpación malintencionada y crítica injusta. Según Hesíodo, Momo es un hijo de Nix, la noche (*Teogonía*, 214) y de Hipnos, el sueño.

257. Al reverendísimo, etc. arzobispo de Canterbury[301]

Tenías razón, devoto prelado, en conferir dones numerosos a tu protegido Erasmo con generosa mano; que él está lejos de desperdiciar la comodidad que le prestas se demuestra por muchas cosas, pero sobre todo por esta obra. (5) Aunque ha publicado muchos libros no sin fruto, este nuevo sobrepasa a todos los que le han precedido. La utilidad es de todos, pero el honor es de vosotros dos. Él proporcionó el trabajo; tú, amable obispo, los medios; pero él te cede su parte de todo corazón. (10) Lo que hace lo imputa todo a tus méritos[302]. El fruto que busca en su trabajo, amable padre, es éste: que por este libro conquistes el amor de todos los hombres y que él conquiste el tuyo.

258. Epitafio sobre la tumba de Juana, esposa difunta de Moro, que destina la misma tumba para él y para Alicia, su segunda esposa

Aquí yace Juana, la amada mujercita de Tomás Moro, que destino esta tumba para Alicia y para mí. La primera de ellas, mi esposa en los años de mi vigorosa juventud me hizo padre de un hijo y tres hijas. (5) La otra ha estado tan dedicada a sus hijastros (lo cual es raro y espléndido en una madrastra) como muy pocas madres lo están a sus propios hijos. Una consumió su vida a mi lado; la otra aún la comparte y de una forma tal que no soy capaz de juzgar si amé más a la primera o amo más a la segunda. ¡Oh, (10) qué felizmente habríamos podido vivir los tres juntos si el destino y la religión lo permitiesen! Pero la tumba nos unirá y pido al cielo que nos una también: así la muerte nos dará lo que la vida no pudo darnos.

---

[301] Se refiere a William Warham, quien en 1512 asignó a Erasmo una pensión anual de veinte libras esterlinas; el 5 de febrero de 1514, envió a Erasmo una dádiva de 10 *nobles*. Moro ayudó a cobrar la pensión del agente de Warham, Marufo.

[302] En la dedicatoria del *Novum Testamentum* que Erasmo hace a León X, le dice que todo lo que ha producido lo debe a Warham.

259. A sí mismo, cuando se alegraba de haber escapado a una tormenta

¿Qué bien hay en haber escapado de las airadas tormentas del mar? Tu alegría debe ser o breve o será sin fundamento. Es como la calma que de repente deslumbra a los enfermos con fiebre cuando los golpes de dolor van y vienen en sus ciclos fijos. (5) ¡Cuántos más males te esperan en la tierra por la que suspirabas, que los que habrías tenido que soportar en el rápido torbellino del mar! O el escalpelo o varias enfermedades precederán a tu muerte; cualquiera de las cuales es más gravosa de soportar que la muerte misma. Sí, esa misma muerte de la que has escapado sin propósito en el fuerte oleaje, (10) te estrechará sobre tu almohada, pero más a traición.

260. A cierto cura gordo que tenía frecuentemente en su boca: «la ciencia hincha»

Dices que la ciencia hincha a cualquiera, como enseña Pablo; tú la evitas. ¿Cómo es entonces, oh padre sustancial, que estás tan inflado? Apenas sostienes tu vientre abotargado con su fofa panza y tu mente está hinchada de vacía estupidez.

261. A Quilón[303]

¿Por qué el nombre del asno perezoso te es tan odioso? Hace mucho tiempo un filósofo fue grande por esto, Quilón. Pero no vaya a ser que se piense que no difieres

---

[303] *In Chelonum* en el original latino; *In Celonium* en las ediciones de 1518 y 1520. No parece posible interpretar que se trate del estadista espartano; parece preferible hacerlo como proveniente de *Chelonus* (gr. 'hēlē' = «pezuña» y 'ónos' = «asno») y entender que el filósofo al que se refiere es probablemente Apuleyo (123/5– ca. 180 d.C.), autor romano de *El asno de*

en nada de él: él era de oro, tú eres más de plomo; (5) él tenía inteligencia de hombre en cuerpo de asno; tú tienes en cuerpo de hombre inteligencia de asno.

262. Sobre el gato y el ratón

Apenas le enseño a la gata el ratón que había cogido de una ratonera, ella no se come el premio inmediata y vorazmente; con gran compostura coloca a su presa temblorosa en un espacio abierto y juega alegremente con ella de modo extraordinario. (5) Retuerce su rabo, sigue al ratón con ojos pícaros, y juguetona vuelve su cabeza a un lado a otro. Suavemente, con una pata incita a que el ratón aterrorizado se vaya y cuando empieza a escaparse, lo para; (10) y después de nuevo le deja ir y lo coge otra vez. De repente con su garra lo lanza al aire y lo coge con su boca; después se aleja de él y le deja la falsa esperanza de que todavía puede escapar. Se tumba, y apenas el ratón trata de escapar, con un salto lo vuelve a coger divertida e inmediatamente lo vuelve al lugar de donde él había escapado. Lo deja otra vez y con asombrosa intuición, la malvada criatura prueba las intenciones del pobre ratón. (15) Mientras repite esta escena y confiadamente se aleja más, el ratón de repente encontró una rendija y desapareció. La gata corrió al agujero y se sentó de guardia, en vano. El ratón, protegido en su escondite, estuvo a salvo de su enemigo; podría haber muerto en la ratonera si lo que ordinariamente le destruye, (15) un gato, no le hubiera protegido y salvado.

---

oro. También en *Lucio o el asno*, Luciano de Samosata (125-181 d.C.) relata una historia análoga en la que un alegre joven es transformado en asno.

263. Se alegra al encontrar sana y salva a la que una vez
había amado cuando era sólo un chiquillo[304]

¡Todavía estás viva, Isabel, en mis años mozos más querida para mí que yo mismo, y una vez más has vuelto a mis
ojos! ¿Qué mala suerte te ha apartado de mí todos estos
años? Apenas niño te vi por primera vez; casi viejo, te veo
de nuevo. (5) Dieciséis años había vivido; tú eras dos o
cerca de dos años más joven cuando tu cara me arrebató
con un amor inocente. Esa cara no es ahora parte de tu
figura. ¿Dónde se ha ido? Cuando la imagen que una vez
amé se me pone delante, veo, (10) ay, cómo esta apariencia
tuya no consigue recordarla. Los años siempre envidiosos
de la belleza joven te han robado a ti misma, pero no te
me han podido robar a mí. Esa belleza de rostro a la que se
pegaban mis ojos, ocupa ahora mi corazón. (15) Un fuego
que muere, aunque enterrado en sus propias frías cenizas,
suele dar una llama con un soplo de aire. Y tú haces, por
mucho que hayas cambiado de lo que eras, que la antigua
llama se mezcle con ese nuevo recuerdo[305]. Acude ya a mi
mente aquel día lejano que por primera vez me reveló a
ti mientras te divertías (20) entre un grupo de muchachas que bailaban: cuando con rubios cabellos resaltaba
el blanco puro de tu cuello[306]; cuando tus mejillas parecían nieve, tus labios, rosas; cuando tus ojos, dos estrellas,
deslumbran los míos y a través de mis ojos penetran en
mi corazón; (25) cuando como golpeado por un rayo, me
encontraba inmóvil, mirando y mirando tu cara; cuando
nuestros compañeros se rieron de nuestro amor tan torpe, tan franco y tan claro. Así me cautivó tu belleza: o
la tuya era una belleza perfecta (30) o me pareció mayor
de lo que era; o quizá la agitación de la adolescencia y el

---

[304] Este poema parece claramente autobiográfico.
[305] Cf. Ovidio, *Metamorphoses* 7,78-83 y Virgilio, *Eneida* 4,23.
[306] *Lactea… colla*: cf. Virgilio, *Eneida* 8,860 y 10,137.

ardor que acompaña la llegada de la virilidad fueron la razón, o quizá algunas estrellas que compartimos al nacer habían encendido nuestros corazones. (35) Porque una compañera tuya charlatana que estaba en el secreto reveló que tu corazón también estaba conmovido. Entonces se nos impuso un guardián, y más poderoso que los propios astros impide la entrada a los que desean unirse. Y así siguiendo, separados, destinos diferentes, (40) ahora ha vuelto después de muchos años este día. Rara vez en mi vida he tenido un día más feliz al encontrarte sana y salva. En otro tiempo tú inocentemente robaste mi corazón, ahora también inocentemente sigues siendo querida. (45) Había sido un amor casto; para que ahora no fuera más impuro, si no bastase la rectitud, bastaría la edad. Pero suplico a los dioses, que después de veinticinco años te han traído a mí sana y salva y me han llevado a ti, que dentro de otros veinticinco años, (50) yo, indemne, pueda contemplarte a ti, indemne.

264. Tomás Moro saluda a Margarita, Isabel, Cecilia y Juan, sus queridísimos hijos

Que una única carta para vosotros cuatro encuentre a mis hijos con buena salud y que el saludo de vuestro padre os mantenga así. Mientras estoy de viaje y mojado con una lluvia pertinaz, y mientras mi caballo con demasiada frecuencia se atranca en el lodo, (5) compongo estos versos para vosotros esperando que (aunque sin pulir) os sean gratos. De estos versos podéis apreciar un testimonio de los sentimientos de vuestro padre por vosotros, cómo os quiere más que a sus propios ojos; ni el lodo, ni el tiempo penosamente tormentoso, (10) y teniendo que espolear a un caballo pequeño a través de aguas profundas, han sido capaces de distraer mis pensamientos de vosotros ni impedirme que dondequiera que esté, os recuerde. Pues cuando —y es a menudo— su caballo tropieza y amenaza caer, vuestro padre no interrumpe la composición de sus versos. (15) Los poemas que a duras penas manan del corazón vacío de muchos, el amor paterno los inspira cuando está lleno de cuidado. No es tan extraño que os ame con todo mi corazón porque tener hijos no es poca cosa. La naturaleza, en su sabiduría, ha unido a los padres con los hijos (20) y atado otra vez su espíritu con un nudo hercúleo[307]. De ahí procede esa ternura de un corazón amante que hace que os abrigue tantas veces en mi regazo. Por eso a menudo os alimento con tortas y os doy manzanas maduras y bonitas peras. (25) Por eso solía vestiros con vestiduras de seda y nunca he podido soportar que lloraseis. Sabéis, de hecho, con qué frecuencia os beso y qué raramente os doy azotes: mi látigo nunca fue otra cosa que la cola de un pavo real; incluso éste lo manejé dudosa y suavemente (30) para que dolorosos cardenales no dejaran marca en vuestros tiernos traseros. ¡Ah, qué brutal e indigno de ser llamado padre es aquél que no llora con las lágrimas de su hijo! No sé cómo actúan otros padres pero sabéis bien qué suave y amable es mi temperamento, (35) porque siempre he amado con locura a los hijos que he tenido y he sido siempre (como debe ser un padre) fácil de conquistar. Pero ahora mi amor ha crecido tanto que me parece no haberos amado en absoluto en el pasado. Esto es porque combináis el sabio comportamiento de la edad anciana con los años de niñez, (40) porque vuestros corazones han sido educados con un aprendizaje verdadero. Esto es porque habéis aprendido a hablar con gracia y elocuencia sopesando cada palabra con tanto cuidado. Estas cosas me llegan al corazón con un afecto tan admirable y me unen a los míos ahora con tanta seguridad (45) que lo que para muchos padres es la única razón para su cariño (quiero decir el que han engendrado a sus hijos) está

---

[307] Referencia al enorme esfuerzo que requirieron los trabajos que tuvo que llevar a cabo Hércules, nombre romano del héroe de la mitología griega Heracles, hijo de Zeus y la mortal Alcmena.

muy lejos del amor mío por vosotros. Por tanto, queridísima tropa de hijos, continuad haciéndoos querer por vuestro padre. Y por esos mismos logros que me hacen pensar (50) que no os he amado antes, hacedme pensar de aquí en adelante (pues podéis) que no os amo ahora.

265. Se disculpa porque mientras conversaba con un clérigo eminente no había visto a cierta dama noble que entró en el salón y estuvo en pie tras ellos un tiempo mientras hablaban

Eminente prelado, hace poco, cuando a vuestra excelencia le pareció oportuno hacerme una visita y entrar en mi humilde casa[308], mientras conversaba conmigo tan agradablemente que yo estaba enteramente pendiente de sus palabras, (5) he aquí que entró una dama[309], como mis sirvientes me informaron demasiado tarde, ayer, de hecho, cuando ya habían pasado muchos días. Su espléndido atuendo prendía la mirada pero le superaba en brillo su belleza que, a su vez, era sobrepasada por su virtud. Se dirigió a nuestro asiento y se quedó (10) muy cerca de mí durante mucho tiempo, codo con codo. Eligió y examinó algunas monedas antiguas[310], y ella misma famosa, encontró placer en tan famosas efigies. Se dignó coger algunos dulces de mi escasa mesa, y su gusto se hizo más dulce en su dulce boca. (15) Pero nuestros ojos no se volvieron a observar una belleza tan brillante. ¡Ay, mi torpeza innata, más torpe que torpe! Ahora perdono a mis sirvientes por no advertirme. Seguramente ninguno de ellos pensó que su amo era tan necio. ¡Oh, ojos, que solían poder percibir a distancia (20) aquel esplendor que irradia de cualquier

---

[308] Moro vivió el Old Barge, en Blacklersbury (Londres) hasta 1524, fecha en la que se trasladó a una casa mejor en Chelsea.

[309] La identidad de esta persona es desconocida.

[310] Cf. primera nota del epigrama 250.

muchacha! ¿Me he hecho viejo? ¿Están disminuidos los sentidos en este cuerpo mío? ¿O un espíritu maligno estuvo a mi lado cuando me levantaba esa mañana? ¿O me engatusaste con tu encantadora conversación, de modo que fui incapaz de estar atento a otra cosa que no fueras tú? (25) Orfeo, por su destreza con la lira atraía a las bestias salvajes[311]; yo también entré en un trance por tu dulce discurso. Pero ese encantamiento tuyo conllevó el gran riesgo de que la dama pensase que yo no la había atendido, y que se pueda decir que la había visto al estar tan cerca de mí con el rabillo del ojo (30) y después fingí no haberla visto. Pero preferiría que la tierra se abriese y me tragase antes de que se encontrase en mi corazón una rudeza tan brutal: que cuando una hermosa ninfa, impulsada, por así decir, por una brizna de aire entre en mi salón (35) no acierte a mirarla al menos (si la ocasión no permite más) y, si se permite, ganar de manera cortés su favor. ¡Qué desgracia no poder hablar! Pues admite todo quien no puede negar nada porque no habla el idioma. (40) Ahora, como tengo poco dominio del francés (mi dama habla sólo su francés nativo), seré inocente a ojos de todos pero no perdonado por la única dama en cuya corte mi causa podía aceptarse o rechazarse. Aquel que fue herido hace mucho tiempo por la lanza hemonia, (45) de aquella misma lanza obtuvo ayuda[312]. Puesto que tu don

---

[311] Cf. nota correspondiente al epigrama 143; cf. también Quintiliano, 1,10,9.

[312] En la guerra de Troya, Telefo fue herido por la lanza de Aquiles (originario de Tesalia o Hemonia); pasaron ocho años sin que la herida curase. El oráculo, consultado por Telefo, dijo a éste que su herida sólo sanaría si era curada por el mismo que la causó. Así, llegó disfrazado de mendigo a Áulide, donde estaban reunidos de nuevo los expedicionarios aqueos; allí lo curó Aquiles, aplicando sobre la herida su propia lanza. A cambio, Telefo indicó a los aqueos el rumbo adecuado para llegar a Troya. Cf. Ovidio, *Amores* 2,9,7-8; *Metamorphoses* 13,171-172.

de conversación cautivadora (que me hizo olvidarme de mí mismo e ignorar a la dama) fue la causa de este hecho desgraciado, tu don de conversación cautivadora debe borrar esta desgracia y hacerme reconquistar la benevolencia de mi dama.

266. Versos citados del *Antimorus* de de Brie a los que hace referencia el epigrama que sigue

«Mientras decía estas cosas, todas las diosas de la venganza y las Furias[313] se cernieron alrededor de mis oídos, una turba convocada desde los abismos infernales: Alecto[314] y Tisífone, su cabeza rodeada de horribles serpientes, y la aterradora Megera con su cara salvaje».

Moro:
(5) Después de que de Brie oyó que muchos lectores se habían quejado de que él escribía sólo mentiras, para corregir este defecto decidió entonces publicar algo que fuese verdad, que no fuese puesto en cuestión, que nadie pudiese contradecir, (10) incluso aunque el autor fuera de Brie. Le fue difícil encontrar algo a lo que su propia ligereza no hubiese robado credibilidad[315]. Pero una vez que hubo buscado, y deliberando por largo tiempo obligó a su mente a considerar todo, (15) al fin encontró una cosa en la que toda la humanidad está de acuerdo, que es más verdad que ninguna verdad; y encantador como es, escribió que todas las Furias rodeaban su encantadora cabeza.

---

[313] Cf. nota al epigrama 103.

[314] Una de las tres Erinias (o Furias de la mitología romana), hermana de Tisífone («la vengadora del asesinato») y de Megera. A Tisífone se la presenta como enamorada del héroe Citerón, a quien mató haciendo que le picara una serpiente. En general, a las Erinias se las representa con serpientes mezcladas con su cabello, y llevando en la mano antorchas o látigos.

[315] Cf. epigrama 188.

267. Sobre el barco *Cordelière* y el *Antimorus*, una colección de poemas del francés Germain de Brie

He aquí que Germain de Brie, rico en recursos por tierra, rico en recursos por mar, tiene un bosque[316] y una balsa. ¿Quieres saber qué ventaja le da cada uno? Sus necedades conducen su balsa, las Furias habitan su bosque.

268. Sobre un verso endecasílabo, o más bien de trece sílabas, extraído del *Antimorus*, del francés Germain de Brie

«Haber compuesto y haber ofrecido a la vista de los hombres»[317].

Moro:
Después de desconcertarme en frecuentes ocasiones durante mucho tiempo por cómo escribes versos tan desproporcionadamente largos —como ningún poeta ni nuevo ni antiguo escribió jamás— acabo de descubrir, de Brie, (5) cómo te ha sucedido esto. Y finalmente me he dado cuenta de que tu costumbre es medir los versos no por metros o por pies, sino por codos.

269. Sobre el mismo tópico

Lector, perdona a Germain por haber puesto trece sílabas en un poema en endecasílabos. Apenas ha aprendido a contar bien como para ordenar correctamente del uno al once. (5) Que no cuente para mí las estrellas o las olas del mar o —esta

---

[316] De Brie tituló *Sylva* la parte poética del *Antimorus*, queriendo dar a entender que se trataba de una miscelánea de versos según el modelo de las *Silvae* de Estacio; cf. Cabrillana (1995).

[317] En al menos dos ejemplares del *Antimorus*, el verso de de Brie aparece tal como lo cita aquí Moro: *excussisse hominumque in ora protulisse*. En otras copias, sin embargo, aparece corregido: *excussisse, forasque protulisse*.

es una tarea más difícil— los errores de su propia poesía[318]. Si pudiese contar los años del cerco de Troya o las nueve musas o las ocho patas de Cáncer o las siete bocas del Nilo o, (10) Nasón[319], los libros de tus *Fasti*; si puede contar las regiones del cielo[320] o los caballos de Febo o las tres Furias (aunque está tres veces tan loco como las tres Furias pueden volverle); si pudiese contar sus propios... —pero no jugaré sin apostar, si pierdo quiero que sea una gran pérdida— (15) si puede contar, digo, sus propios ojos (aunque tiene sólo dos), entonces te dejaré que le atravieses uno[321].

✳✳✳

EPIGRAMAS DE LA EDICIÓN DE 1518 NO INCLUIDOS EN LA DE 1520

270. Sobre el hado. Del griego[322]

Si te cargan con peso, deja que te carguen y sopórtalo[323]. Pero si te enfadas, entonces no sólo te harás daño sino que lo que soportes lo seguirás soportando; incluso te arrastrará.

---

[318] Es la réplica a una acusación análoga del *Antimorus* de de Brie: vv. 120-125.

[319] *Cognomen* de Publio Ovidio.

[320] Cf., p.e., Virgilio, *Geórgicas* 1,233-239 y *Eneida* 7,225-227; estas regiones son cinco: dos frías, una caliente y dos templadas.

[321] En el *Antimorus* (vv. 542.545), de Brie había autorizado a Moro a hundirle un ojo si podía acusarlo fundadamente de haber hecho un plagio de autores antiguos o modernos.

[322] Cf. *AP* X, 73.

[323] Resulta imposible reproducir el juego de palabras y el políptoton de Moro.

162

271. Contra Jacobo, rey de los escoceses

Mientras el leal Enrique con ejércitos victoriosos te reclama, Francia, en favor del Romano Pontífice[324], he aquí que Jacobo, rey de los escoceses, invade deslealmente con un ejército hostil el reino de los británicos. (5) Los tratados que tan a menudo había jurado no le impiden alzarse en armas contra el hermano de su propia esposa o unirse como aliado al rey de Francia, enemigo de la fe, o desear hundir la barca de Pedro[325]. No es extraño que como hombre cometiera estos crímenes; antes de esto, de niño, (10) tiñó sus manos jóvenes con la sangre de su padre[326]. Por tanto, de acuerdo con la voluntad de Dios, ha perecido en la matanza de sus hombres. Y el resultado de hacer mal fue lo que habitualmente es.

✳✳✳

EPIGRAMAS NO INCLUIDOS EN LA EDICIÓN DE 1518 Y 1520

272. [Versos escritos al final de una serie de nueve representaciones pintadas en tela]

En la novena representación estaba pintado un poeta sentado en una silla y sobre esa figura estaban escritos los siguientes versos en latín

---

[324] La proclamación real del 4 de noviembre de 1512 justificó la invasión de Francia por parte de Enrique VIII de Inglaterra, con el propósito de proteger al Papa y la Iglesia contra las incursiones de Luis XII de Francia.

[325] Se refiere, entre otros, al propósito de Luis XII de organizar un concilio cismático y de deponer al Papa Julio II.

[326] Cuando tenía quince años, Jacobo IV había sido puesto al frente de los rebeldes en la batalla de Sauchieburn, en la que murió su padre, Jacobo III, el 11 de junio de 1488.

El poeta

Cualquiera que disfrute mirando estas figuras imaginarias, pero, por la maravillosa destreza, piensa que son hombres reales, puede alimentar su mente con las realidades mismas, como satisface sus ojos con las imágenes pintadas. (5) Porque verá que los fugaces bienes de este mundo perecedero no vienen tan veloces como veloces se van. Placeres, alabanzas y homenajes, todas las cosas desaparecen rápidamente, excepto el amor de Dios, que dura para siempre. Por tanto, mortales, no pongáis la confianza aquí en trivialidades, (10) ni esperanza alguna en ventajas transitorias; ofreced vuestras oraciones al Dios eterno, que os concederá el don de la vida eterna.

273. Epigrama de Tomás Moro, docto adolescente, sobre un breve trabajo de Holt[327]

Este delicado libro de Holt que estás leyendo, estos bondadosos hurtos[328], seas hombre o muchacho, has de llamar por el nombre de «Leche para los niños». A mi juicio, este libro que da a los muchachos lecciones como si se tratase de leche tiene un nombre agradable y además apropiado. (5) Leed estas lecciones, vosotros jóvenes de Inglaterra; para vuestro gran aprovechamiento aparece el libro, aunque es pequeño[329]. Las pocas reglas, organizadas en un libro diminuto, que lees en unos po-

---

[327] Se refiere a la gramática latina escrita en inglés por Jonh Holt, probablemente antes de 1500: *Lac puerorum. Anglice Mylke for chyldren.* Los epigramas 273 y 274 aparecieron por primera vez al comienzo y al final de esta gramática.

[328] En latín *pia furta*, expresión que recoge el eco de *furta pudica*, la cual aparece en la dedicatoria epigramática que Holt escribió en su obra para el cardenal Morton: *hec equidem in varium breviter collecta moretum. / Ex multis rapui furta pudica locis.*

[329] La gramática cuenta con unas 48 páginas en la edición de Wynkyn de Worde (ca. 1508).

cos días, las ha buscado Holt con esfuerzo robado al sueño (10) y las ha escogido de incontables volúmenes. Él transitó con diligencia por todos los campos. ¡Qué bien ha llevado a cabo la tarea de la abeja que recoge miel! En sus viajes, cualquier miel sabrosa que recogía en dulces montones la ha traído a esta pequeña colmena. (15) Que su obra sea, para la juventud inglesa que desee entrar, la primera puerta al resto de la gramática. Seguramente hombres instruidos construyeron puertas antes de ésta, pero cada uno de ellos impuso sus límites, porque usó la lengua latina. ¿De qué te sirve una despensa bien surtida (20) cuando la puerta que no puedes abrir te priva del exquisito alimento? Joven inglés, ¿cómo te arreglarás en latín? No puedes el primer día entender las palabras latinas. Es adecuado que mientras eres joven estés bajo el ala de un protector y que aprendas la lengua extranjera a través de tu lengua nativa. (25) A decir verdad, hace mucho tiempo que se ha construido una puerta a la gramática en nuestra lengua[330]. Pero esa puerta era antigua, marcada por el frecuente golpeteo; tal puerta apenas tocarla cruje por el desgaste continuo. Nuestra puerta es nueva y muy fácil de abrir para la multitud de jóvenes: (30) ¡qué rápido se abre al más ligero toque de un dedo!

274. Un epigrama de Tomás Moro

¡Bravo, muchacho[331]! Alégrate quienquiera que seas, si para tu contento, te ha nutrido el amable libro de Holt. No te ofrece carne ni las amargas bayas del madroño. Te da copas que rebosan dulce leche; (5) los trozos de carne caen pesados en tu estómago tierno y los madroños son puro líquido, como el que es propio del agua insípida. Pero la leche alimenta al niño

---

[330] Moro se refiere a dos gramáticas latinas escritas en inglés, asociadas a John Stanbridge: la denominada larga *Parvula* y la larga *Accedence*; fueron imprimidas alrededor de 1495.

[331] Cf. Virgilio, *Eneida* 9,641: *macte… puer.*

sin dañarle, y el sabor de la leche es dulce en su boca. Por eso te han alimentado con esto. Estaba claro que éste era el modo adecuado: (10) tu estómago tan delicado no podía soportar grandes pesos. Ahora que te han destetado, te sugerimos una dieta no demasiado blanda; toma algo más consistente. Esto es, come plácidamente en la tranquila mesa de Sulpicio[332] o come hasta hartarte del saludable alimento de Focas[333]; (15) o bebe el nuevo vino de Perotti de Siponto[334] o los caldos envejecidos en los barriles de Diomedes[335]. O escoge cualquier otro que desees seguir, siempre que sepa cómo combinar lo agradable con lo útil[336]. (20) Pero tú que sigues el consejo de Holt y tú que sigues el mío, buscarás sobre todo las enseñanzas de Sulpicio. Holt ha sugerido que se aprendan de la obra de Sulpicio los nombres irregulares y los géneros de los diversos nombres. Allí leerás cuál es la construcción apropiada, pero sólo después de que hayas estudiado los tiempos pasados y los supinos que pertenecen a cada verbo. (25) Y si eres diligente aprenderás finalmente que los más bellos poemas son aquellos que se han conservado dentro de sus fronteras. Y así, vosotros, jóvenes, cuando hayáis entrado en la compañía de las Musas, cuando, gracias a Sulpicio, llevéis vuestro plectro y lira, enton-

---

[332] Giovanni Sulpizio da Veroli, humanista del siglo XV que editó obras de Frontino, Lucano, Vegecio y Vitruvio. Moro alude aquí a su obra *De moribus puerorum carmen iuvenile*, también titulado *Stans puer ad mensam*; se trataba de un poema publicado a veces como parte de la obra gramatical de Sulpicio (*De arte grammatica opus compendiosum*).

[333] Se refiere al breve tratado gramatical de Focas, aparecido en el siglo V d.C., *De nomine et verbo*; se publicó en repetidas ocasiones junto a la gramática de Diomedes (cf. *infra*).

[334] Niccolò Perotti (1429-1480), arzobispo de Siponto, editor de Marcial y Plinio, traductor de Polibio; fue quizá mejor conocido por su compendio lingüístico para explicar a Marcial, la *Cornucopia*.

[335] El gramático Diomedes (s. IV d.C.) escribió un largo tratado, el *Ars grammatica*.

[336] Cf. Horacio, *Ars poetica* 343.

166

ces decid: «Cuando mi mano derecha no pudo sostener la lira, fue Holt quien (30) ofreció una papilla bienvenida a mi boca».

275. Tomás Moro sobre el *Progymnasmata* de Linacre[337]

Quien lea en detalle estas reglas del docto Linacre, si retiene lo que lee aquí, querrá decir: «después de tantos enormes volúmenes sobre gramática, este libro, tan pequeño[338], no ha salido a la luz en vano. (5) El libro es muy pequeño, pero, como una joya refulgente, con su tamaño diminuto tiene un gran valor».

276. Versos sobre un díptico en el cual Erasmo y Pieter Gilles[339] están retratados juntos por el importante artista Quentin (Metsys)[340], de modo que cerca de Erasmo, mientras él empieza su *Paráfrasis sobre la epístola a los Romanos*, los libros del cuadro revelan sus títulos, y Pieter sostiene una carta escrita para él de puño y letra de Moro; incluso esto ha puesto el pintor en la pintura[341]

Habla la tabla
Muestro a Erasmo y a Gilles, amigos tan queridos el uno para el otro como antiguamente lo fueron Cástor y Pólux[342].

---

[337] *Linacri Progymnasmata Grammatices vulgaria*, gramática latina elemental de Thomas Linacre (ca. 1460-1524), considerado por Moro su preceptor de estudios (cf. carta de Moro a John Colet [confesor de Moro durante un tiempo]: de Silva, 1988: 43).

[338] La gramática tiene 40 páginas y un cuarto.

[339] Humanista y editor de la ciudad de Amberes, amigo personal de Erasmo y Moro. Preparó las primeras ediciones de la *Utopía*, en cuyo primer libro aparece.

[340] Pintor flamenco (Lovaina, ca. 1466 - 1530), fundador de la escuela de Amberes, cuya obra representa la primera síntesis efectiva entre la tradición flamenca y las ideas del renacimiento italiano. Cf. V. de Prada (1975³: 211).

[341] Esta composición se encuentra incluida también en una carta que escribe Moro a Gilles (cf. de Silva, 1988: 1078-110), fechada en 1517.

[342] En la mitología griega los Dióscuros: dos famosos héroes, hijos gemelos de Zeus y Leda, y hermanos de Helena de Troya y de Clitemnestra.

Moro lamenta estar ausente en ese lugar puesto que en el cariño está unido a ellos tan estrechamente como un hombre apenas podría estarlo a sí mismo. (5) Así, se encontró un remedio para la añoranza del amigo ausente: una cariñosa carta representa sus mentes, yo sus cuerpos.

Habla el propio Moro

Creo que reconoces por sus caras a aquellos a quienes ves aquí si antes los has visto en alguna ocasión. Si no, (10) la carta escrita a uno te lo identificará; y nota, para que sepas el nombre del otro, que lo está escribiendo él mismo. Seguro que los libros que llevan su nombre —tan bien conocidos y muy leídos en todo el mundo— podrán decirte quién es, incluso si él mismo no lo hiciese. (15) ¡Oh, Quentin, renovador de un arte antiguo, no menos artista que el gran Apeles[343], maravillosamente dotado para dar vida a través de una mezcla de colores a formas sin vida! ¡Ay, por qué te bastó pintar en perecederos retratos de madera (20) hechos con tanto trabajo y de modo tan bello! Retratos de tales hombres que la antigüedad produjo raras veces, tales hombres que produce nuestro presente aún con menos frecuencia, tales hombres que el futuro, sospecho, no producirá en absoluto. (25) Estos retratos que has hecho deberían haber sido confiados a un medio más duradero que reservase a través de los años lo que ha recibido. ¡Oh, si por lo menos hubieses buscado tu propia fama y deseos de posteridad! Pues si las edades futuras (30) conservan algún amor por las bellas artes y si la guerra[344] salvaje no hace desaparecer las artes[345], entonces ¡qué precio pagaría la posteridad por esta tabla!

---

[343] Cf. nota correspondiente al epigrama 97.

[344] Se prefiere traducir en esta ocasión el correspondiente referente de la palabra latina (*Mars*).

[345] Se prefiere traducir en esta ocasión el correspondiente referente de la palabra latina (*Minervam*).

168

277. [Sobre un fraile que puso objeciones a comparar amigos con hermanos]

Queriendo mostrar que dos hombres eran grandes amigos, dije recientemente en unos pocos versos que eran tan amigos como Cástor y Pólux en la antigüedad[346]. (5) Un frailecillo necio dijo: «Neciamente comparas amigos con hermanos». «¿Por qué no?», contesté yo. «¿Crees que cualquier hombre puede ser mejor amigo para otro que un hermano lo es para su hermano?». Se rió de mi extraordinaria ignorancia, (10) de que no me diera cuenta de un hecho tan obvio. Dijo él: «tenemos un monasterio grande y poblado, con más de doscientos hermanos, pero entre los doscientos, que me muera si encuentras dos hermanos que sean amigos».

278. Tetrástico[347] de Sir Tomás Moro escrito tres años antes de su muerte

Estás haciendo el tonto si esperas quedarte mucho tiempo aquí abajo; incluso un tonto[348], Moro, te puede convencer de eso. Deja de hacer el tonto y medita sobre tu estancia en el cielo. Incluso un tonto, Moro, te puede convencer de eso.

Otro dístico del mismo autor escrito en la misma época

Tú que recuerdas a Moro[349], sea tu vida larga y tu muerte una puerta abierta a la vida eterna.

---

[346] Cf. epigrama 276.

[347] Combinación métrica de cuatro versos.

[348] Resulta imposible recoger el juego de palabras que realiza el autor con *morus*, *Morus* y *moror*.

[349] Cf. nota anterior; aquí se utilizan *memor*, *Morus* y *morior*.

279. Tetrástico de Tomás Moro

Si tu gusto se inclina a la poesía o a la prosa, si te complaces en la piedad o en la cultura, entonces lee estas obras de Busleyden, que está inspirado por Apolo y por las Musas y que es la gloria preciada de su suelo patrio.

280.

Las cosas que me enviaste para leer las he leído, pero las leí tanto con placer como con pena, contento de no ver nada totalmente horrible. El propio autor corresponde a estos escritos suyos: (5) un hombre nunca bueno y siempre el mejor; un hombre realmente malvado, el mejor de los malvados.

281. [Un regla mnemotécnica matemática]

Sustrae más de más. Sustrae menos de menos. Añade menos a más. Y añade más a menos[350].

---

[350] Los versos se refieren a los dos métodos de extrapolación para resolver problemas que podrían solucionarse con mayor facilidad con las reglas del álgebra: a) el método del más y del menos; b) el método de la diferencia.

ÍNDICE DE EPIGRAMAS

174

ÍNDICE TEMÁTICO[1]

---

[1] Las referencias numéricas corresponden al número de cada epigrama *(N. del ed.)*.

Este libro, publicado por
Ediciones Rialp, S.A.,
Alcalá, 290, 28027 Madrid,
se terminó de imprimir
en Publidisa,
el día 4 de mayo de 2012.